*«La educación
es el arma más poderosa
que puedes usar para cambiar el mundo»*
Nelson Mandela

CONTENIDO

INTRODUCCIÓN

Existe en la actualidad una gran cantidad de información resumida en indicadores que cubren las más variadas estadísticas a nivel global, destacando una u otra nación dependiendo del enfoque específico de la organización o medio especializado que los publique. Pero paradójicamente no contamos con estudios integrales que nos hablen de la realidad de un país reconociéndolo como el resultado de un acontecer histórico que deriva en una actualidad particular, con complejas causas que tienen sentido a partir de la cultura y la identidad propia de un pueblo o una nación. Al comparar solamente números o porcentajes, olvidamos sus orígenes. Los organismos que sí se encargan de abarcar una serie de indicadores interrelacionados (como la OCDE, por ejemplo), concentran su atención en la actualidad y el posible devenir, pero no nos proporcionan el contexto o marco histórico necesario para comprender qué hay detrás de los procesos que afectan, al final de cuentas, a las personas que deberían ser el objeto de las políticas públicas. Y sin el contexto, la única forma de interpretar la información viene dada por los paradigmas propios de cada persona o cultura. O por referencias históricas que probablemente hayan quedado desactualizadas, o desconectadas de los hechos históricos que se sucedieron para darle sentido a la actualidad de una geografía determinada. Escuchamos por ejemplo que en Canadá el Estado se hace cargo de la salud de sus ciudadanos, o que en Francia la jornada laboral semanal era de solo 35 horas. Leemos un medio especializado que resalta el modelo de los países nórdicos como «socialistas» y al mismo tiempo otro artículo los destaca como abanderados de la libertad de mercado. ¿Pero hasta qué punto es útil identificar características tan aisladas? El análisis de un país es un entramado complejo de agentes históricos, culturales, de creencias locales y coyuntura, tanto política como económica. Dicha complejidad requiere contextualizar estas historias dentro de un marco de referencia integral. Cada historia es una pieza suelta que nos invita a armar el rompecabezas que representa cada nación. Con este objetivo vamos a adentrarnos en la labor de analizar distintos modelos socioeconómicos a partir de un punto de vista más general que considere sus historias, idiosincrasias, sistemas educativos, de salud, impositivos y su relación comercial con el mundo.

La elección de los diez casos a estudiar es arbitraria, pero está estrechamente relacionada con el Índice de Desarrollo Humano. Cómo ya mencionamos, al ser simplemente un número final deja de lado los factores propios que llevaron a cada nación por un camino determinado, pero como unidad de medida considero que es más representativa que el PBI, al medir cualitativamente el grado de progreso de una sociedad a través de dimensiones claves del desarrollo humano como lo son la longevidad, la salud, el conocimiento y el estándar de vida. Estos diez modelos son inspiradores por motivos diversos: algunas son economías que históricamente lograron proporcionar una alta calidad de vida a sus habitantes y nos acercan grandes enseñanzas, otras son historias de milagros económicos completamente impredecibles que nos revelan oportunidades invaluables para aplicar al caso argentino. Hay países de las latitudes más diversas, con idiosincrasias sorprendentemente diferentes, elegidos de esta forma a fin de hilvanar similitudes que trasciendan una cultura en particular, una historia común o políticas similares. A partir de la diversidad, intento concentrar el interés en descubrir factores que se manifiesten inequívocamente alrededor del planeta para reconocer un patrón que nos explique qué impulsa a determinadas economías al éxito y condena a otras al fracaso.

Antes de adentrarnos en detalle, hay un aspecto particular, común a todas las sociedades, que es necesario desenmarañar desde un principio: la educación. Más puntualmente, la razón por la que en América Latina los institutos privados de enseñanza atraen a un porcentaje tan significativo de la población. La explicación cuenta con dos grandes protagonistas, la influencia británica/norteamericana y la influencia de la religión. Respecto a la primera, la monarquía británica fue la primera abanderada de la ideología liberal[*], la cual propone que el rol del Estado debería ser mínimo en cuanto a sus atribuciones sociales ya que los individuos toman mejores decisiones sobre su destino que los gobiernos. Esta escuela de pensamiento obviamente se trasladó a todas las colonias británicas y muy especialmente a las nuevas tierras que a posteriori formarían los Estados Unidos de América —por consiguiente, América Latina recibió una doble dosis de doctrina liberal, primero con la influencia política de la potencia británica que dominaba el mundo durante el siglo XIX y parte del siglo XX, para luego pasar a recibir la influencia norteamericana (Puiggrós, 2015), con similar orientación—. En todos estos territorios, la tendencia es a la privatización y estandarización de la educación. Del otro lado del Canal de la Mancha, Francia experimentó durante el siglo XVIII el surgimiento de la Ilustración, que abogaba por la razón, la ciencia y el progreso como fuentes superiores del conocimiento en oposición a la fe. La educación, hasta ese momento, era impartida principalmente en instituciones religiosas y dirigida a una pequeña elite. A partir de la influencia de John Locke y de Jean Jacques Rousseau, se comenzaría a visualizar al hombre como un miembro de la sociedad más que un hijo de Dios. Locke abogaba por el desarrollo del conocimiento más allá de la Biblia, promoviendo la lectura para abarcar la mayor cantidad de sabiduría posible. En los territorios europeos católicos, la Iglesia y los gobiernos se enfrentaron por el control del monopolio educativo, resultando en escuelas religiosas abocadas a la enseñanza de una acaudalada minoría, y en escuelas públicas laicas cubriendo las necesidades del resto de la población. El Estado se vio obligado a recurrir a la amplia presencia de la Iglesia en cada recoveco de sus dominios para alcanzar a los niños que quedaban fuera de su alcance, dando lugar a distintos grados de segregación social dependiendo de cada país. En Inglaterra, los institutos religiosos continuaron impartiendo educación a la elite —dando lugar a la privatización de la educación—, y más tarde se propagarían por toda América en forma de institutos de enseñanza de gestión privada, muchos de ellos instalándose en nuestro país hacia finales del siglo XIX y principio del XX y sobreviviendo hasta el día de hoy.

Vale la pena examinar la evolución de la responsabilidad del Estado en otras regiones. En los territorios europeos protestantes no existió un conflicto de la magnitud anteriormente mencionada tras la Ilustración. Federico

II el Grande, rey de Prusia desde 1740 a 1786, sentó las bases para un sistema educativo que integrara a toda la población de forma inclusiva. Ordenó la construcción de numerosos establecimientos donde se impartía educación religiosa, pero bajo control del reino. Más tarde, esto haría que la transición al control estatal a principios del siglo XIX fuera más ordenada. El Estado y la Iglesia Luterana se unieron en su objetivo por educar la población, y ambos entendieron que el conocimiento es una herramienta de desarrollo y preservación. Esta concepción pedagógica al unísono se debe a la marcada importancia que tendría la educación en las ideas de Martín Lutero. La educación comenzó a ser ofrecida al conjunto de la población desde la edad de 5 años hasta los 13-14 años, siendo supervisada por los dirigentes religiosos pero controlada centralmente por el gobierno. Los Estados Germanos instauraron, entonces, un sistema de educación gratuita universal sin distinción de clases que perdura en términos generales hasta la actualidad, y que se propagó hacia el norte arraigándose como política social en los países Escandinavos (Cubberley, Ellwood P., 1920).

Los líderes de las independencias a lo largo del cono sur de América Latina, por su parte, fueron instruidos principalmente en España, y trajeron consigo las ideas de la razón como base fundamental de las nuevas repúblicas. Los liberales y los conservadores latinoamericanos naturalmente se vieron enfrentados, los primeros defendiendo una responsabilidad educativa a cargo del gobierno central y los segundos a favor de conservar una educación religiosa. Luego de una larga confrontación, los liberales lograron implementar un sistema de alcance nacional que permitiera reducir el alto grado de analfabetismo, pero este continuó conviviendo con los institutos de enseñanza religiosa por la dificultad que le representaba a las nuevas naciones alcanzar cada rincón del territorio, donde no existía pueblo sin parroquia.

Otro acontecimiento histórico paralelo marcaría el destino de la enseñanza en América Latina: la llegada de la religión católica. El año de la conquista de América por parte de los españoles fue también el año de la Reconquista del sur de la península ibérica por parte de la corona, que puso fin a ochocientos años de disputa religiosa. La fe católica ocupaba cada resquicio de la sociedad y la prioridad al encontrarse con un universo de creencias nuevas fue el de la evangelización de los habitantes originarios. Con el paso del tiempo se fueron convirtiendo en las instituciones donde estudiarían los hijos de comerciantes, funcionarios, etc. Con el advenimiento del movimiento independentista de América del Sur, estas instituciones contaban con una ventaja territorial respecto al Estado al ocupar el largo y ancho del territorio. La educación religiosa había logrado conquistar un lugar central en la formación de las clases acomodadas locales y, al igual que en la Europa católica, la Iglesia alcanzó un poder suficiente como para luchar por la continuidad de su labor pedagógica como suplemento a la educación estatal. Es por estas dos razones que encontramos tantos colegios tradicionales en Argentina que son instituciones religiosas, británicas o ambas.

A modo de referencia, los veinte países con el mayor IDH (Índice de Desarrollo Humano) según el Programa de las Naciones Unidas para el Desarrollo son los siguientes –en negrita los incluidos en este trabajo—:

#	País	IDH (entre 0 y 1)
1	Noruega	0.949
2	Australia	0.939
	Suiza	0.939

4	**Alemania**	**0.926**
5	**Dinamarca**	**0.925**
	Singapur	**0.925**
7	Holanda	0.924
8	**Irlanda**	**0.923**
9	Islandia	0.921
10	**Canadá**	**0.920**
	Estados Unidos	0.920
12	Hong Kong	0.917
13	Nueva Zelanda	0.915
14	Suecia	0.913
15	Liechtenstein	0.912
16	Reino Unido	0.909
17	Japón	0.903
18	**Corea del Sur**	**0.901**
19	Israel	0.899
20	Luxemburgo	0.898
(...)		
23	**Finlandia**	**0.895**
45	Argentina	0.827

NORUEGA

*Por qué Noruega es el país con el
mayor Índice de Desarrollo Humano*

Cuna del pueblo vikingo que dominó los mares del norte, la herencia recibida fue una fuerte industria pesquera que se encontró revolucionada en la década del sesenta por el descubrimiento de petróleo en el lecho marino. Este tardío hallazgo le dio un vigoroso impulso a la economía del país a partir de la década del setenta generando un extraordinario superávit (IMF, 2019). En cuanto a su política, Noruega sienta sus bases en el modelo escandinavo, inspirado en un Estado benefactor que brinda salud y educación gratuita a sus 5,5 millones de habitantes mientras promueve, al mismo tiempo, una economía abierta a los mercados internacionales.

El sector petrolero es el responsable de aproximadamente el 9 % de la oferta laboral, 12 % del PBI, 13 % de los ingresos a las arcas públicas y 37 % de las exportaciones («Europe: Norway—The World Factbook—Central Intelligence Agency», 2019). Es el vigesimoprimer país en términos de reservas de crudo comprobadas y el octavo en cuanto a sus reservas de gas natural, recurso que exporta a la Unión Europea supliendo un tercio de su demanda total («Europe: Norway—The World Factbook—Central Intelligence Agency», 2019). Noruega invierte los impuestos recaudados de la industria petrolera en el mayor fondo de inversión soberano a nivel global, valuado en más de 1 billón de dólares (esto es, doce ceros, resumidos en palabras), del cual obtiene un rendimiento del 6,1 % anual por sus colocaciones en empresas, bonos y bienes raíces dispersas en setenta y dos países del mundo (Norges Bank, 2019). Su exploración en búsqueda de nuevos hidrocarburos continúa, enfocándose principalmente en la región del Ártico, política que produjo duras críticas de organizaciones ambientales.

El modelo de Estado de bienestar nórdico varía a través de sus integrantes (Noruega, Dinamarca, Suecia, Finlandia e Islandia) pero se puede identificar por sus objetivos, que se basan en promover la eficiencia económica, suministrar a la sociedad las herramientas necesarias para desarrollarse desde una edad temprana y enriquecer las condiciones de vida de las personas y de las familias (a través de políticas que favorecen la radicación de capitales internacionales, en la medida que fomenten la creación de empleo). En política social, la piedra angular del modelo es el universalismo: esto significa que las políticas públicas incluyen a toda la población en lugar de enfocarse en un sector social estructuralmente más necesitado —a fin de evitar la estigmatización—.

La educación y la salud son servicios gratuitos y de calidad para todos los habitantes de la nación. La salud como derecho universal se fue desarrollando en paralelo con la tardía industrialización de los países nórdicos, la cual cobró fuerza en la mitad del siglo XX.

La educación llegó a todos los habitantes de una forma más fluida: la Iglesia luterana era la encargada de asegurar la alfabetización de la población desde el siglo XVI, pero cuando las ideas de la Ilustración llegaron a territorio nórdico en el siglo XIX, la responsabilidad de coordinarla y centralizarla pasó a manos del Estado. Los monarcas se apoyaron en las parroquias locales e instituyeron un consejo de autoridades locales que incluía al sacerdote y a los padres de los alumnos. La importancia de formar una población capacitada dominaba el interés público, y así cada ciudadano pasó a tener el derecho a recibir instrucción primaria sin que existiera realmente una competencia entre la Iglesia y el Estado por el monopolio educativo, como sí ocurrió en otras latitudes. La Iglesia Luterana continuó teniendo una marcada injerencia en el plan de estudios y en los órganos directivos, pero el control y gestión del sistema se encontraba a cargo del gobierno. El primer paso lo dio Dinamarca en 1814 introduciendo siete años de formación, luego Suecia en 1842, le siguió Noruega en 1848 y Finlandia en 1866 (Kuhnle, Stein, 2004).

Sin embargo, el paradigma nórdico cambia radicalmente cuando se trata de hacer negocios, ya que el intervencionismo estatal disminuye considerablemente y se allana la vía para fomentar el desarrollo del sector privado y el comercio internacional. Las empresas invierten con la finalidad de obtener ganancias, y eso está bien visto por la sociedad.

Estas compañías se radican aquí por la extraordinaria productividad por persona —medida como crecimiento del PBI sobre trabajadores activos año tras año—, los recursos humanos altamente capacitados y la facilidad de establecer relaciones comerciales con el resto del mundo. Noruega es, según el Banco Mundial, el octavo país más sencillo donde instalar un nuevo negocio. Se destaca por la facilidad para comenzar una nueva empresa, facilidad para obtener los permisos de construcción, registrar una propiedad, protección para PyMEs y simplicidad para resolver situaciones de insolvencia. En el índice de libertad económica elaborado por «The Heritage Foundation», ocupa el sexto lugar entre 47 países de Europa, sobresaliendo por la apertura de sus mercados, el nivel de integridad del gobierno y su superávit fiscal. En cuanto a la transparencia percibida por la población, es el segundo país con menor corrupción percibida detrás de Nueva Zelanda y el país con la mayor libertad de expresión para la prensa. La igualdad de género está profundamente instaurada y la mayoría de las mujeres se encuentran inmersas en el mundo laboral en una situación de igualdad.

Noruega amalgama extraordinariamente la presencia del Estado para brindar igualdad de oportunidades con un ambiente propicio para el desarrollo económico fomentado a través de la libertad para comerciar e incentivar las inversiones. Ofrece los mejores recursos humanos disponibles a través de un sistema que estimula a cada individuo para alcanzar su máximo potencial. Los mercados premian esta mano de obra altamente calificada con fuertes inversiones y generosos salarios.

La salud es una prioridad nacional, ocupando el 9 % del PBI y con el mayor gasto por habitante de los países miembros de la OCDE. Los menores de 16 años no pagan ningún cargo médico. Las internaciones por emergencias en los hospitales y los gastos incurridos durante el embarazo están completamente cubiertas por el Estado. Las visitas al médico de cabecera son obligadas para obtener una posterior derivación con un especialista. Los médicos de cabecera y los especialistas se rigen a través de un sistema de copago, y a partir de cierto tope máximo se puede pedir una eximición del mismo, lo cual ocurre en casos de enfermedades crónicas o catastróficas. El copago implica que el Estado se hace cargo de un 66 % del costo de la consulta médica y la persona cubre el 33 % restante (en 2018 el costo de la visita al médico clínico ronda los 37 euros). El Estado se encarga del cuidado de sus ciudadanos *from the cradle to the grave*[†]. Esto ofrece un soporte para las familias ya que al asumir la responsabilidad de los niños, los ancianos y los enfermos, otorga cierta flexibilidad a las personas que de otra forma deberían ocupar una parte importante de su tiempo para cuidarlos. De este modo tienen la posibilidad de ingresar al mercado laboral con la tranquilidad de que sus seres queridos se encuentran bien protegidos.

El sistema educativo noruego al presente imparte enseñanza pública al 97 % de los alumnos en la escuela primaria (21,000 alumnos asisten a instituciones privadas sobre un total de 624,000). En la escuela secundaria (16 a 18 años de edad), el Estado alcanza al 93 % de los jóvenes. La tasa de graduación de la misma es del 94 %, mientras que en la escuela vocacional es del 75 %. El balance de ambas ramas educativas resulta en que ocho de cada diez personas completa la educación escolar, con porcentajes prácticamente idénticos para ambos géneros (Statistics Norway, 2016). Además de la asistencia a la escolaridad ordinaria, cerca de un millón de personas se beneficia de la educación para adultos. El país logró increíbles resultados con su sistema educativo, que logra atraer y retener a los niños en edad escolar hasta completar el ciclo. Para sostener esta estructura incurre en un gasto equivalente al 6 % del PBI.

Respecto al comercio, Noruega propicia el libre comercio de la mayor parte de los bienes y servicios que intercambia con el mundo. No obstante, presenta algunas barreras en sectores o cuestiones que considera estratégicas. Es así como podemos observar una restricción al ingreso de capitales extranjeros a la minería, la pesca, el transporte marítimo, el transporte aéreo, la explotación petrolera y algunos productos agrícolas y vacunos. En cuanto a su relación con la Unión Europea, a través de dos referéndums (que tuvieron lugar en los años 1972 y 1994) la población se negó a ingresar al bloque económico. A pesar de ello, prioriza las importaciones del Espacio Económico Europeo (EEE) con la excepción del sector agrícola y pesquero donde establece trabas a la importación. Estas barreras existen a pesar de que el sector agrícola solamente representa el 1.5 % del PBI (Office of the United States Trade Representative, 2015).

En conclusión, se puede ver una marcada tendencia al cuidado y desarrollo de los niños a través de una cobertura pública completa de la salud que comienza a partir del embarazo y continúa durante la adolescencia. Al mismo tiempo, su sistema educativo es altamente inclusivo, ya que es una prioridad del gobierno ofrecer igualdad de oportunidades para todos sus habitantes. Esta igualdad no solo beneficia a todos los jóvenes sino que además sienta las bases para un mercado laboral lleno de oportunidades para las empresas. Todos los involucrados ganan: el desempleo es apenas del 4 %, las empresas cuentan con profesionales altamente calificados y el Estado financia a través de impuestos el 55 % de su presupuesto, el cual en el 2017 tuvo un superávit del 4,5 % (Ministry of Finance, Norway, 2018).

AUSTRALIA

El legado de Sir Robert Menzies

Colonia británica desde 1788, democracia monárquica desde 1901, en el período de posguerra luego de la Segunda Guerra Mundial implementó políticas tendientes a fomentar la inmigración europea, con la finalidad de incrementar su escasa población. Se caracterizó desde mediados del siglo XIX hasta mediados del XX por el progreso que vino asociado a la fiebre del oro en el país, y durante el siglo XX fue desarrollando una economía mixta, con la minería ocupando siempre un rol vital, eje central alrededor del cual se basó el crecimiento del resto de las actividades económicas. Actualmente, el 70 % del PBI está asociado a áreas de servicio —turismo, educación y servicios financieros—. Sus exportaciones de bienes se basan principalmente en recursos naturales tales como hierro, carbón, gas natural, oro, lana y trigo. Sus principales socios comerciales hasta los años sesenta eran Gran Bretaña y Estados Unidos, pero desde entonces los países asiáticos han ido ocupando lugares cada vez más decisivos, y en la actualidad la mayor cantidad de intercambios se concentra en sus relaciones con China, Japón, Estados Unidos y Corea del Sur (Department of Foreign Affairs and Trade, 2019).

El siglo XX fue marcado profundamente por el gobierno de Sir Robert Menzies, de corte liberal, quien gobernó dos años entre 1939—1941 y dieciséis años entre 1949—1966. Menzies marcó el rumbo del país con su política pro-inmigración y su preocupación por la educación. Se identificaba con la clase media trabajadora y con «los olvidados». Durante su gobierno subsidió el estudio de los niños de origen muy humilde, triplicó el gasto público en educación, aumentó los sueldos de los docentes y fundó comités de seguimiento sobre el estado de la educación. Los gobiernos posteriores mantuvieron este corte ideológico liberal. En la actualidad, conserva una política de mercados abiertos con escasas regulaciones a las importaciones de bienes y servicios. Esto aumentó la productividad, estimulando el crecimiento y creando una economía más flexible y dinámica[1]. El sistema impositivo es fuertemente progresivo, dividiéndose la tasa aplicada de acuerdo a los ingresos en cinco tramos de 0 %, 10 %, 20 %, 30 % y hasta un tope de 45 %. La recaudación es centralizada por el gobierno nacional, quien distribuye los recursos a discreción.

Los veintitrés millones de personas que ocupan la isla-continente viven en las cercanías a la costa, ya que la mayor parte del territorio es desértica. El noreste posee grandes extensiones de playa que atraen a turistas de todo el mundo. La tierra de los canguros es conocida mundialmente por su singular flora y fauna, ya que el 80 % de las especies encontradas aquí son endémicas, es decir que no existen en otras latitudes del globo.

Respecto a la salud, la inversión alcanza el 9.5 % de su PBI, ubicándose apenas por encima del promedio de los países miembros de la OCDE. La población se encuentra cubierta por un sistema de salud público que ofrece excelentes prestaciones, y alrededor del 50 % de los ciudadanos cuenta con un seguro médico privado suplementario para ampliar su cobertura médica. El programa público generalmente cubre el 100 % del médico generalista, el 85 % del especialista— el resto lo paga el paciente a través de un copago con un límite anual, difícilmente alcanzado por la mayoría de la población, a partir del cual el gobierno cubre todos los gastos incurridos—, gastos de internación en hospitales y gastos dentales desde los 12 a los 17 años.

Respecto al comercio, Australia fomenta el libre comercio con distintos socios comerciales. Hasta la década de los ochenta poseía importantes barreras para proteger su industria (como por ejemplo en los sectores automotriz y textil) pero desde entonces ha avanzado hacia una economía más abierta que actualmente posee tratados de libre comercio con Nueva Zelanda, Asociación de Naciones del Sudeste Asiático, Chile, China, Hong Kong, India, Indonesia, Japón, Corea, Malasia y recientemente Estados Unidos y Perú. A través del aumento en los términos de intercambio pudo revertir su déficit comercial, alcanzando en la actualidad un superávit de 2 mil millones de dólares. Australia posee una barrera a los contenidos audiovisuales, solicitando ciertas cuotas de contenido local en el cine, en la TV y en la radio. También posee un estricto control sobre las inversiones extranjeras, las cuales reciben autorizaciones discrecionalmente.

Respecto a la educación, la misma es obligatoria hasta los 17 años. Dos tercios de los alumnos asisten a escuelas públicas y un tercio a instituciones privadas – muy por encima del promedio en el resto de los países miembros de la OCDE—. El promedio de alumnos por aula sigue siendo menor en las escuelas estatales.

En cuanto a las universidades, hay cuarenta universidades públicas que reciben el 93 % de los estudiantes de educación superior, dos internacionales y una privada. Australia tiene altos niveles de escolaridad, graduación de la escuela superior y participación de niños en la educación temprana. El porcentaje de alumnos con una performance por debajo del promedio nacional es menor que en otros países (OCDE). Los maestros se encuentran bien preparados y remunerados. Sin embargo, el Programa 2015 para la Evaluación Internacional de Alumnos (PISA) y las Tendencias en el Estudio Internacional de Matemáticas y Ciencias (TIMSS) en los últimos veinte años muestran que, por un lado, los estudiantes australianos se desempeñan en niveles superiores al promedio de la OCDE, pero por el otro su rendimiento general se ha estancado o disminuido desde el año 2000. Además, las poblaciones rurales e indígenas tienen un rendimiento académico más bajo y un menor acceso a la educación terciaria que el promedio nacional. También se pueden encontrar diferencias significativas en el rendimiento de los estudiantes en las pruebas PISA para estudiantes de diferentes estados y territorios australianos (Department of Foreign Affairs and Trade, 2017).

En cuanto a su financiamiento, la OCDE observa que el presupuesto educativo es poco transparente y resulta muy difícil la identificación del destino de los fondos, donde escuelas muy similares cuentan con recursos muy dispares. A partir de 2014, de conformidad con la Ley de Educación de Australia, y para atacar los problemas anteriormente mencionados, el gobierno financia a todas las escuelas australianas sin ninguna clase de discriminación, incentivando la equidad para todos sus habitantes. El nuevo sistema implica que los fondos se determinan en base a un Estándar de Recursos Escolares (SRS, por sus siglas en inglés). Para las escuelas no gubernamentales, se descuentan los fondos de su base en función de la capacidad de la comunidad escolar para contribuir al costo de funcionamiento de su escuela. Además, todos los establecimientos reciben fondos adicionales que abordan necesidades puntuales que el Estado subvenciona, tales como estudiantes de niveles socioeconómicos vulnerables, de comunidades aborígenes, con bajo nivel de inglés o estudiantes con discapacidad. Del mismo modo, las escuelas pequeñas y aquellas que se encuentran en zonas rurales remotas reciben una ayuda adicional (OECD, 2015).

En conclusión, Australia es un país que creció a partir de la inmigración de trabajadores principalmente europeos, apoyándose en la explotación minera para impulsar distintas áreas de la industria y su pujante sector financiero. Los recursos naturales fueron la base fundamental a partir de la cual se edificó su sistema económico, sentando los cimientos de una estructura comercial que en las últimas décadas fue adecuadamente complementada por un dinámico sector se servicios, el cual creció exponencialmente, contribuyendo a su desarrollo económico. La salud y la educación brindan un respaldo a la población en todos sus estratos, centrándose en los niños, con una salud que los protege y un sistema educativo que brinda igualdad de oportunidades. Esto permite que más del 75 % de los alumnos puedan terminar la escuela secundaria. En consecuencia, el mercado laboral es atractivo para las empresas que requieren mano de obra calificada.

SUIZA

La sede de las finanzas mundiales

Este pequeño país del centro de Europa sin salida al mar y con escasísimos recursos naturales es pionero en cuanto a la paz y la democracia, haciendo de su neutralidad histórica el contexto perfecto para ser sede de gran cantidad de instituciones internacionales tales como la Cruz Roja, Naciones Unidas, OMS, OMC, entre unas doscientas organizaciones. A tal extremo llevó su neutralidad que ingresó como miembro pleno de las Naciones Unidas recién en el año 2002 y no forma parte de la Unión Europea a causa del referéndum del 2001 con 77 % de votos en contra. A pesar de ello, integra la Asociación Europea de Libre Comercio (EFTA por sus siglas en inglés), un pequeño y balanceado bloque económico que comparte junto con Noruega, Islandia y Liechtenstein. Durante las dos guerras mundiales Suiza conservó su histórica postura neutral, evitando de este modo las devastadoras consecuencias en su territorio de los enfrentamientos de sus vecinos. Luego, en la época de posguerra, el sector bancario creció exponencialmente, empujando el incremento promedio anual del PBI al orden del 5 % entre 1950 y 1970 (Gapminder Foundation, 2015). Desarrolló al mismo tiempo un fuerte sector manufacturero encabezado por los rubros alimenticios (Nestlé), farmacéutico (Novartis y Roche), construcción (Holcim) y químico. Igualmente importante es el desarrollo del sector turístico, explotando desde los Alpes hasta sus históricas ciudades.

Párrafo aparte merecen los impuestos en Suiza. Acorde a una tendencia mundial, el impuesto a las ganancias de las empresas fue bajando de forma diferenciada en cada cantón durante la última década —a nivel global, la baja fue del 3 % en el período 2007-2017—. Más de 850 compañías multinacionales tienen sede en Suiza, haciéndolo el país con mayor concentración de «multinacionales dentro del ranking Fortune 500» per cápita. Esta concentración se explica por la estabilidad económica que ofrece el país, la ya mencionada y característica neutralidad y por supuesto, ventajas impositivas excepcionales. En otras palabras, estas 850 empresas multinacionales van a pagar sus impuestos a un país con una población de 8,5 millones de personas. Estas organizaciones ejercen una gran presión al Estado para que continúe siendo *business friendly*, amenazando con la posibilidad de reubicarse en destinos más favorables si esto no ocurriera. Esto pone en riesgo la economía entera ya que solo el 2,96 % de las empresas aportan el 90 % de los impuestos corporativos y el 3,55 % de las personas con ingresos más altos (generalmente directivos de las mismas) aportan más del 50 % de los impuestos sobre personas físicas (Deloitte, 2015; KPMG, 2016, 2019). El principal desafío que afronta el gobierno en la actualidad es una importante presión internacional para establecer controles contra el lavado de dinero. En cuanto a las personas físicas, el sistema impositivo suizo es fuertemente progresivo (PwC, 2019).

Nota de color: la utilidad neta de las 850 multinacionales mencionadas se dividió en el 2015, de acuerdo a los siguientes porcentajes:

- El **9 %** de las empresas tuvo una utilidad neta negativa menor a -10 %
- El **10 %** de las empresas tuvo una utilidad neta negativa entre -10 % y 0 %
- El **28 %** de las empresas tuvo una rentabilidad neta entre 0 % y 5 %
- El **24 %** de las empresas tuvo una rentabilidad neta entre 5 % y 10 %
- El **22 %** de las empresas tuvo una rentabilidad neta entre 10 % y 20 %
- El **7 %** de las empresas tuvo una rentabilidad neta mayor al 20 %
  - De lo anterior se desprende que:
    - El 81 % de las empresas tienen ganancias.
    - Cuando las empresas piden una reducción de costos, probablemente lo estén pidiendo el 47 % de las empresas con utilidades menores al 5 %, pero los beneficios los obtienen el total de las empresas.

Desde hace cincuenta años Suiza mantiene regímenes especiales que reducen la carga tributaria de los *holdings* (gozan de exención impositiva a nivel de los cantones suizos y tienen una reducción en el pago tanto del impuesto federal como del impuesto sobre los activos de la empresa) y de los *headquarters* internacionales (exclusión de impuestos sobre las ganancias generadas en el exterior). A partir del 2007, la Unión Europea comenzó a presionar a Suiza para que aboliera esta normativa, argumentando competencia desleal. Para evitar ser incluida en la categoría de paraíso fiscal para la UE, el gobierno decidió reformar su legislación sobre estos puntos controversiales con la iniciativa denominada *«Corporate Tax Reform III»*.

En cuanto a salud se refiere, el gasto total es del 12.4 % del PBI, el más alto de los países europeos miembros de la OCDE (OECD, 2019). Es la suma del 7.9 % del gasto público más el 4.5 % privado, siendo este último porcentaje particularmente el que empuja el sacrificio económico de la sociedad por encima del resto, alzándola como la medicina más costosa del continente. A pesar de la amplia oferta de prestadoras privadas, la competencia no se ve reflejada en una baja en los costos. Suiza impone por ley la obligatoriedad de tener seguro médico básico privado, sobre el cual las empresas de salud no pueden obtener ganancias ni rechazar ningún solicitante ya que es cubierto por el Estado a nivel cantón. Si el costo del seguro supera el 10 % del ingreso de una persona, entonces el Estado subsidia la diferencia. El mismo cubre las consultas con el médico de cabecera, la mayoría de los especialistas, remedios prescriptos, algunas vacunas, algunos exámenes generales, estudios específicos en grupos de riesgo (ej: mamografía si hay antecedentes en la familia), los costos durante el embarazo y hasta los primeros meses del bebé y, hasta los 18 años, cubre también tanto el plan dental como los anteojos o lentes de contacto. Para todo lo demás, existen planes suplementarios sobre los que las empresas de salud sí pueden obtener ganancias, y que varían enormemente en cuanto a su precio. El problema del alto costo del sistema médico lo comparte de forma semejante con Estados Unidos, ambos países curiosamente dejan gran parte de su sistema de salud en manos privadas (Health Consumer Powerhouse, 2015; The Commonwealth Fund, 2017).

El sistema educativo suizo es predominantemente

público, con solo el 5 % de los alumnos concurriendo a escuelas privadas. La calidad de su educación lo ubicó noveno entre sesenta y cinco países de la OCDE en las pruebas PISA del 2012. El sistema es totalmente descentralizado ya que cada uno de los veintiséis cantones se hace cargo de su propia jurisdicción, resultando en un sistema flexible de acuerdo a las necesidades regionales. El gasto público ocupa el 5.1 % del PBI de forma sostenida. En Suiza, esto se refleja en las escuelas públicas con un promedio de 19 alumnos por clase en la primaria, con una tendencia en los últimos veinte años al aumento de clases con 13-16 alumnos. Mientras que el porcentaje de menores de 25 años que terminó la escuela secundaria en Suiza en el año 2010 fue del 92.4 %, en Argentina los menores de 20 años que terminaron la secundaria en el mismo período fue del 39 % —o 75 % si se considera solo Capital Federal— (Swiss Coordination Centre for Research in Education, 2014).

Nota de color:

- Los alumnos que asistieron al kindergarten desde los 3 años obtuvieron 60 puntos más en las pruebas PISA del 2009 que aquellos que no asistieron a la educación preescolar. (Swiss Coordination Centre for Research in Education, 2014, p. 67)
- Asistir al pre-escolar a la edad de 3 años aumenta las oportunidades de escolarización de los chicos de familias desfavorecidas ya que la injerencia de la familia que —según el reporte— influye desfavorablemente en las oportunidades de los niños, es reemplazada hasta cierto punto por un programa educativo de calidad. (Swiss Coordination Centre for Research in Education, 2014, p. 77)
- Desde el año 1996 hasta el año 2010 la tasa de graduación de la escuela secundaria superior para jóvenes menores a 25 años varía entre el 90 % y el 94 %. El objetivo

de Suiza es llevarlo al 95 %, sin una fecha límite para cumplir este objetivo. (Swiss Coordination Centre for Research in Education, 2014, pp. 108—109)

- El 90 % de los adultos entre 56 y 65 años nacidos en Suiza completaron la escuela secundaria superior, esto nos habla de la prioridad constante que viene siendo la educación como política de Estado. (Swiss Coordination Centre for Research in Education, 2014, p. 110)

Respecto al comercio, si bien es un país de fronteras sumamente abiertas, tiene fuertes restricciones a la importación de productos agrícolas. A estos se les aplica un arancel del 35.7 % y una restricción de cantidad, mientras que al resto de los bienes y servicios solamente le aplica un gravamen del 1.9 %.

En resumen, Suiza consolidó su posición de potencia gracias a su avanzada industria y a su entorno favorable para las empresas —en todo sentido—. Ante la escasez de recursos naturales, se concentró en atraer capitales internacionales para desarrollar su economía, ofreciendo un contexto sumamente favorable. Enarbola la bandera de la libertad en varios aspectos: los cantones toman gran cantidad de decisiones autónomas, es un país muy abierto al comercio exterior excepto por el resguardo de sus productores agropecuarios y posee leyes laborales sumamente flexibles. Su sistema educativo se encuentra a la vanguardia de Europa y su sistema de salud cubre las necesidades básicas de sus habitantes. Al igual que pudimos observar en los casos de Noruega y de Australia, parecen dos elementos fundamentales para el desarrollo de una nación (recuérdese que el 90 % de los adultos entre 56 y 65 años completaron en un 90 % la escuela secundaria, lo que habla de un posicionamiento privilegiado dentro de la agenda política ya en la década del sesenta y antes). Esto suena lógico, ya que una empresa para radicarse necesita mano de obra calificada y una población sana, una variable que baja los costos laborales y guarda un enorme valor para toda la sociedad.

ALEMANIA

El milagro del río Rin

Tierra prolífera en poetas, escritores y filósofos, Alemania es sinónimo inequívoco de precisión y calidad. En la actualidad cuenta con 80 millones de habitantes, el segundo país más poblado de Europa después de Rusia. Reunificada en 1990 tras la caída del muro de Berlín, las distintas regiones varían significativamente en idiosincrasia, economía y geografía. Mientras que el norte es llano y fértil, el centro es un área de colinas y los Alpes Bávaros dominan el sur, que es el más pujante económicamente («Europe: Germany—The World Factbook—Central Intelligence Agency», 2019). Un tercio del país está compuesto por bosques, los cuales evitaron hasta algún punto el avance de los romanos y junto con los ríos Rin y Danubio marcaron la frontera norte del Imperio. Alemania es famosa por sus excepcionales ingenieros, *«made in Germany»* es incuestionablemente sinónimo de perfección: Volkswagen, BMW, Mercedes-Benz, Porsche, Audi, Telekom, Nivea, DHL, Bosch, Adidas, Puma, Allianz, Bayer, SAP, Siemens (entre otras) son referencias mundiales en sus respectivos rubros. Angela Merkel fue elegida once veces por Forbes como la mujer más poderosa del mundo.

El territorio alemán padeció devastadoras consecuencias tras la Segunda Guerra Mundial y enfrentó un desafío colosal al unificar sus dos territorios luego de la caída del muro de Berlín. Su situación actual como una de las economías más importantes del mundo es una historia de superación de adversidades y obstáculos sorprendente. ¿Qué ocurrió desde la época de posguerra hasta la actualidad y cómo puede un país arrasado por el mayor conflicto bélico de la historia, pasar a liderar la Unión Europea en tan solo cincuenta años? La epopeya es comúnmente conocida como «el milagro del río Rin» (o «*Wirtschaftswunder*», literalmente «milagro económico»). La Alemania Occidental de posguerra se encontraba en ruinas, los comercios quebraban diariamente y la hiperinflación destruía la moneda. Un cuarto de las viviendas se encontraban derruidas y un cuarto adicional sufrieron daños significativos. En el invierno de 1948, Ludwig Erhard fue apuntado como ministro de economía con la ardua tarea de reconstruir una nación desde los cimientos. Erhard era un promotor del «ordoliberalismo»: un modelo basado en el capitalismo de libre mercado combinado con políticas sociales que favorecía la competencia entre capitales privados, al mismo tiempo que garantizaba a sus habitantes un Estado de bienestar. De esta forma, tomaba distancia del intervencionismo estatal keynesiano predominante en Gran Bretaña, Francia y los Estados Unidos, sin dejar de lado la firme intención de proteger a la población y centrándose en la igualdad de oportunidades para todos sus habitantes. Así, el gobierno instituyó un seguro de desempleo decoroso, educación de calidad para todos los niños, cobertura laboral por enfermedad, seguro de accidente de trabajo, seguro por discapacidad y pensión de retiro.

Erhard se preocupó por eliminar los heredados controles de precios y cuotas de producción vigentes en la Alemania totalitaria, ya que esta práctica consumía el tiempo de los gobernantes en debatir sobre el precio adecuado de cada bien en lugar de concentrar los esfuerzos en encontrar soluciones que guiaran una salida a la crisis. Lo hizo emitiendo un anuncio por radio a toda la población sin autorización de los fiscalizadores aliados. El General norteamericano Lucius Clay, encargado de la transición alemana inmediatamente posterior a la guerra, lo llamó desesperado tras los anuncios para decirle «Mr. Erhard, mis asesores me dicen que está usted cometiendo un terrible error». Erhard replicó: «General, no los escuche... mis asesores me dicen lo mismo» (Yergin, Daniel, 2002). Las consecuencias inmediatas no se hicieron esperar, con un incremento sustancial de las importaciones y una disparada inicial de precios, pero gracias a que el nuevo Deutsche Mark (marco alemán) sentó sus bases en la estabilidad monetaria, los mismos cayeron hasta normalizarse en un lapso de uno o dos años. La actividad industrial retomó su nivel normal, orientándose hacia la exportación de manufacturas. Al mismo tiempo, el gobierno estableció por ley que las grandes empresas debían asegurar un lugar en su directorio para un representante sindical a fin de que los intereses de los trabajadores se vieran representados en las decisiones más significativas. Es muy importante considerar al hablar de esta recuperación y estabilidad, que entre 1948 y 1952 Alemania recibió gracias al Plan Marshall la suma de 1.400 millones de dólares.

La base de la economía bávara es desde siempre su educación. No por destacarse como líder en los exámenes internacionales, sino por el enfoque técnico que se consolidó como una opción válida dentro del sistema educativo y se alineó con la estrategia de orientación a la exportación de productos industriales. El desarrollo de la escuela vocacional fomentó los empleos técnicos y los futuros ingenieros. En la *Berufsschule*, los jóvenes reciben parte de su educación trabajando en pasantías pagas dentro de empresas que habitualmente acaban contratándolos como empleados fijos. Este tipo de educación logró establecerse como una excelente opción que beneficia tanto a los jóvenes que consiguen iniciar una carrera profesional adquiriendo en el proceso una temprana experiencia, como a las empresas que forman pacientemente a sus futuros profesionales.

El sistema educativo alemán varía considerablemente de región en región, pero mantiene en su base la premisa de que todos los niños deben recibir equitativamente una preparación adecuada, y para el nivel de perfeccionismo alemán, esto significa de calidad. Alrededor del 94 % de los estudiantes de la escuela primaria concurren a una institución estatal gratuita. Existen establecimientos de educación privada que se encuentran principalmente relacionados a la Iglesia. En las pruebas PISA 2012, los resultados de los estudiantes de centros de enseñanza públicos ajustados por poder adquisitivo de la familia fueron mejores que en los centros de gestión privada. El 87 % de los adultos entre 25-34 años de edad obtuvieron su título secundario, por encima de la media de los países miembros de la OCDE que se ubica en el 82 %. En cuanto a las universidades, también se dividen en privadas y públicas, con las últimas recibiendo aproximadamente al 90-95 % del total de la matrícula.

Max Weber, uno de los sociólogos alemanes más reconocidos, analizó las relaciones entre el capitalismo y la ética protestante, la cual marcó fuertemente la idiosincrasia nacional. Dirk Kaesler, un sociólogo experto en Max Weber con una extensa bibliografía dedicada a su figura, reflexiona acerca de la cultura del trabajo germana de la siguiente forma:

> *«Los cristianos, hasta la Edad Media y hasta el principio de la Edad Moderna se preguntaban ¿Qué será de mi cuando muera? ¿Iré al cielo o al infierno? La solución católica, originalmente cristiana, era obrar bien. Obedecer los mandamientos de Dios, etc. ¿Qué le pasa a los pecadores? Algo malo. La Iglesia Católica tiene todo un repertorio de ritos sobre el perdón, la confesión, etc. Los protestantes, en cambio, se centraron en la santificación del trabajo: "Haciendo buenas obras, iré al cielo". Dijeron: no suele haber muchas oportunidades de perdón. Es mejor llevar este estilo de vida continuado como un trabajo, como un negocio para que el resultado final de buenas obras sea favorable y abundante. Hay que vivir una vida en la que cada momento y cada situación estén dedicados a Dios. Estas ideas que se arraigaron en la fe protestante. Y desde allí la vida se dirige como un negocio. Eso trae varias consecuencias: ser puntuales, ser responsables, [...]. Mi profesión es mi vocación. Lo que en inglés se llama calling. Y de manera creciente, cuando la gente o el mundo pierden su elemento mágico, como decía Weber, y la gente perdía la fe, había más independencia. La preocupación ya no era ir al cielo sino encontrar una profesión que llevara al éxito. Mi profesión lo es todo para mí»* (Oey, Alexander, 2012).

El Dr. Ulrich Beck, sociólogo alemán, se hace eco de estas palabras:

> *«Se podría decir que la teoría del Profesor Kaesler resumen el conflicto entre el norte y sur de Europa. Entre los alemanes ahorrativos y el sur católico que lleva un modo de vida diferente, más abierto. [...] La "profesión" como concepto de una situación laboral específica es un concepto típicamente*

alemán. Es casi intraducible. Es una mezcla de conciencia de clase, búsqueda de calidad, competencia y capacidad de centrar todo eso en el mercado».

Y agrega:

«Tenemos una amplia tradición en el ámbito de la educación. Tradición humboldtiana. Sobre todo en la Universidad (Universität), pero también en la educación secundaria (Gymnasium). Es un fundamento importante del desarrollo de Alemania. Diferenciamos entre educación (Bildung) y formación profesional (Ausbildung). La educación es general y la formación profesional se centra en un oficio. En los años 70 realicé mi primer proyecto sociológico, un estudio empírico sobre el tema. Investigamos cómo orientar los cursos de formación hacia el mercado laboral. Y el resultado fue muy interesante y de amplia aplicación: buscar una educación que sea de utilidad orientándola sobre todo hacia el mercado laboral es contraproducente. Solo con una educación generalista la gente se puede adaptar. Porque ante un panorama laboral tan cambiante, cinco años después de terminar la formación esos trabajos casi habrán desaparecido. Y aquellos que han recibido una educación más generalista presentan mayor flexibilidad para afrontar los cambios del mercado laboral» (Oey, Alexander, 2012).

Actualmente Alemania es la sexta economía del mundo y la más importante del continente europeo, con un PBI per cápita de 50,200 dólares. Es líder mundial en la exportación de maquinarias, vehículos, químicos y se beneficia de una fuerza laboral altamente calificada. La tasa de desempleo del 2017 fue del 3.8 % con excelentes indicadores de distribución del ingreso. El superávit fiscal del 2017 fue del 0.7 % con una inflación del 1.6 %. Exporta principalmente manufacturas de alto valor agregado a Estados Unidos, Francia, Reino Unido, Holanda y China. Importa principalmente maquinaria, tecnología, vehículos y químicos de Holanda, China, Francia y Bélgica. Es el tercer productor de energías alternativas detrás de Kenia y Dinamarca.

El sistema impositivo a las personas físicas es progresivo, su base imponible ronda los ocho mil euros anuales y comienza aplicando una cuota del 14 % hasta alcanzar el 45 % de los altos ingresos (que superan los 270 mil euros). Sobre el monto pagado de impuestos se calcula el 5.5 % y se convierte en un impuesto adicional «solidario» para cubrir los continuos costos de integrar a los estados de Alemania Oriental al país para poder fomentar su desarrollo. Existen importantes deducciones sobre estos impuestos. Las cargas sociales para los empleados en relación de dependencia descuentan del salario regular un 7.3 % en concepto de seguro médico, 1.3 % de seguro médico adicional, 9.35 % de pensión, 1.5 % de seguro de desempleo y 1.25 % de seguro de accidentes, descontando un total de 20,68 % del sueldo bruto. Todos estos porcentajes son equiparados por el empleador, que paga en iguales proporciones por cada uno de sus empleados. Lo mencionado anteriormente es un resumen muy escueto de un sistema confuso y complejo. La tasa impositiva corporativa ronda el 30-33 % dependiendo de la región.

La tenacidad alemana le ha permitido al país sobrellevar desafíos excepcionales con resultados sorprendentes. A pesar de las diferencias culturales y religiosas de cada región, miles de personas marcharon al grito de «*Einheit*» (unidad) tras la caída del muro de Berlín. La incorporación de una economía de libre mercado inclusiva y que no dejara a nadie de lado, buscando la igualdad de oportunidades entre pares que ahora conformarían una sola nación, no es casualidad. La preocupación no es por el bien individual sino por el bien colectivo. Y el bien colectivo, al final de cuentas, es el que trae prosperidad para cada individuo. Alemania no siguió ni el camino americano ni el soviético, sino que al reunificarse transitó su propio destino haciéndose camino al andar. Y en este nuevo sendero que abrió, lejos de los extremos, mucho más racional y organizado, le dejó al mundo una «tercera vía», una nueva opción. Vale la pena ver hacia dónde guía.

SINGAPUR

El milagro de Singapur: de la pobreza al éxito en 40 años

Singapur es una pequeña ciudad-estado de 5,5 millones de habitantes y apenas 700 km^2 (4,5 veces el tamaño de la Ciudad Autónoma de Buenos Aires) con nulos recursos naturales, que sufrió una transformación asombrosa desde su declaración de independencia en 1965 —agobiada por altos índices de pobreza, desempleo e inestabilidad social— hasta la increíble actualidad con uno de los mejores estándares de vida del mundo. A causa de su particular ubicación geográfica estratégica se convirtió en un centro financiero que une Oriente con Occidente favorecido por su educación bilingüe en inglés y chino. Desde el momento en el que dejó de ser una colonia británica, la voluntad del gobierno fue crecer a través de la industrialización. Para lograrlo, inicialmente se adoptó la doctrina de «industrialización por sustitución de importaciones» (ISI) durante unos quince años antes de cambiarla rápidamente a finales de los 70 por la doctrina de «industrialización orientada a la exportación» (IOE), modelo predominantemente liberal aplicado en un país con gran presencia del Estado. En una constante búsqueda por adaptarse al contexto internacional, actualmente está buscando transformarse en una «economía basada en el conocimiento» (EBC) para ser competitivo globalmente, con un gobierno dispuesto a cambiar fuertes paradigmas en su población para fomentar la innovación y la creatividad a través de la educación.

En cuanto a su forma de gobierno, muy lejos está de ser una democracia ejemplar: un solo partido político y tan solo tres primeros ministros gobernaron el país desde 1965 hasta la actualidad. Circunstancias muy particulares desembocaron en su independencia, iniciando el período de República con un alto desempleo, crisis de vivienda, pobreza y poca confianza internacional sobre su futuro. Es por ello que se considera un milagro que en la actualidad el país esté a la vanguardia de los estándares de vida del mundo, brillando con luz propia sin resquicios de la pobreza y los disturbios sociales que lo vieron nacer. Fueron las políticas de Lee Kuan Yew (LKY) las que materializaron este prodigio, con un mandato que duró tres décadas y que desde el primer momento enarboló las banderas de seguridad social, libre mercado y tolerancia cero a la corrupción (BBC Mundo, 2015). En la primera década de su mandato resolvió el problema del déficit habitacional construyendo viviendas estatales a bajo costo y fomentó la educación como motor para el crecimiento del país. En 1995 LKY pasó el cargo de primer ministro a Goh Chok Tong, quien fuera miembro de su gabinete desde 1981. Años más tarde, Goh decidió dar un paso al costado y cederle el cargo de primer ministro al hijo mayor de LKY y en consecuencia, Lee Hsien Loong ocupa este cargo desde 2004.

Respecto a la educación, la misma es predominantemente pública y de reconocida calidad, sobresaliendo en numerosas pruebas internacionales. Al momento de declarar la independencia LKY vislumbró que para desarrollar una industria local y atraer inversiones extranjeras necesitaba una fuerza laboral calificada e implementó en 1968 un sistema educativo orientado a este propósito. En primer lugar, la educación pasó a ser bilingüe (inglés como primera lengua y la posibilidad de elección entre chino, tamil o malayo como suplementaria) para unificar el multiculturalismo y comerciar de forma más dinámica con occidente. En segundo lugar, la educación hizo especial énfasis en las matemáticas, ciencia y materias técnicas. El objetivo detrás de estas medidas fue, en palabras del ministro de educación:

«Conservar la igualdad de oportunidades para todos los ciudadanos, establecer los medios para mantener la unidad dentro de la diversidad e implementar un programa que capacite a las nuevas generaciones para las necesidades de una sociedad vanguardista, moderna, industrial y tecnológica» (Goh Chor Boon, 2006, p. 9)

Vale la pena destacar que esta premisa se mantiene vigente aún al día de hoy. El gobierno frecuentemente se refiere a su población como su único recurso natural, y describe a la educación como un «desarrollo de recursos». La educación primaria se instauró para todos los niños. La década del 60 vio un rápido crecimiento en la construcción de escuelas al ritmo de un nuevo establecimiento por mes durante ocho años. El gasto destinado a este rubro acaparó de forma sistemática el 20 % del gasto público total. Al mismo tiempo que el rápido crecimiento de la población escolar, también creció paralelamente la cantidad de docentes. Para cubrir las necesidades de un alumnado en constante crecimiento se recurrió a la contratación a gran escala de maestros en el entonces Colegio de Formación Docente. Cabe destacar también que a partir de 1969 todos los estudiantes de la escuela secundaria recibían durante dos años educación técnica previa a la secundaria superior, para fomentar el desarrollo tanto de ingenieros como de trabajadores técnicos. Esto colaboró para que hacia el año 1976, el 20 % de los estudiantes del ciclo superior asistieran a una escuela secundaria técnica. También los docentes fueron capacitados en este ámbito a fin de mantenerlos alineados con los objetivos de la educación nacional.

Hacia finales de los 70 los indicadores económicos y sociales revelaban un fuerte progreso en relación al resto de los países emergentes. Era el resultado de años de desarrollo del área industrial, principalmente forjado por la radicación de numerosas empresas multinacionales. El sector manufacturero contribuía ya al 28 % del PBI versus el 12 % de 1960. Pero el trabajo industrial poco calificado e intensivo que le había permitido llegar hasta este punto estaba dejando de ser una ventaja competitiva ya que el resto de la región comenzaba a ofrecer posibilidades similares. Fue entonces cuando se instauró un plan de diez años con dos estrategias principales: atraer inversiones multinacionales *high tech* y la promoción de actividades relacionadas a la ciencia y tecnología (por ejemplo: I&D). El sistema educativo fue revisado en 1978 y utilizado como motor de este nuevo paradigma. Esta revisión derivó en un documento profundamente influyente, denominado *«Goh Report»*, el cual contenía una observación tan simple como clave: durante la etapa escolar, los niños progresan a diferente ritmo. Esto traía como consecuencia que si los docentes se preocupaban por dar una clase para el alumno promedio, los estudiantes más inteligentes iban a encontrar la escuela aburrida y los que tuvieran dificultades en el aprendizaje no podrían seguir el ritmo de la clase. Tan obvio y tan sencillo, la reacción desde el Ministerio de Educación fue decisivamente deshacerse de esta ineficiencia: se flexibilizó la cantidad de años que puede llevarle a un alumno de educación primaria o secundaria completar el ciclo, con hasta dos años más por ciclo con un plan de estudios diferenciado (Milne & Mauzy, 1990, pp. 19—20). Con el mismo argumento, los alumnos que estaban dentro del 10 % de mejor desempeño eran detectados tempranamente para darles una educación especial. El resultado fue asombroso ya que en tan solo nueve años, la tasa de alumnos que superaba el examen de finalización de la secundaria pasó del 40 % al 75 % entre 1976 y 1985 (Milne & Mauzy, 1990, p. 22). Menos del 1 % de los estudiantes abandonaba la escuela sin haber completado al menos diez años de educación.

El crecimiento de la calidad educativa era el combustible que impulsaba una economía que crecía a un ritmo acelerado. Para 1995 Singapur encabezaba los tests internacionales de ciencias y matemáticas casi 30 % por encima del resto de los países (TIMSS 1995 y 1999). La escuela secundaria ya era completada por el 96.5 % del alumnado en 1999. Otra idea tan simple como brillante le otorgaba a los docentes la dinámica necesaria para adaptarse a tantos cambios: el Estado comenzó a subsidiar por completo 100 horas de capacitación anuales para ser utilizadas a discreción de cada docente en la institución y especialización que desee. Esto tuvo el potencial de fomentar la capacitación docente con un efecto sumamente positivo para el sistema pedagógico. Adicionalmente, cuentan con un estipendio anual de $400-$700 que pueden invertir en su desarrollo profesional según lo crean más conveniente, aprendiendo un idioma extranjero, un curso informático, comprar software, o suscribirse a una revista especializada (Sclafani, Susan, 2008, p. 8). En cuanto al nivel salarial, la remuneración docente es al inicio de la carrera incluso mayor al sueldo promedio inicial de un abogado, ingeniero o un médico.

Respecto al sistema de salud, el mismo es barato, de calidad y fuertemente regulado por el gobierno. La Organización Mundial de la Salud rankeó sexto a Singapur por su sistema médico. No es gratis, es complejo y se divide en 3 sub-sistemas:

- A través del programa «Medisave» se descuentan obligatoriamente entre el 7 y el 9,5 % del salario de cada individuo, fondo que se destina a una cuenta de ahorro personal (no a un fondo general) del cual cada ciudadano realiza los descuentos necesarios cuando incurre en gastos rutinarios, pudiendo utilizar estos fondos tanto en hospitales públicos como en clínicas privadas por igual. Su alcance es tal que hasta los medicamentos se compran a través de este fondo personal y es el gobierno el que dice qué medicamentos entran en esta lista (los que no ingresan tienen precios prohibitivos).
- El siguiente programa es similar al modelo uruguayo, se denomina «Medishield» y consiste en un resguardo para situaciones médicas catastróficas. Este sistema sí es solidario, o sea que los ahorros de todos los aportantes van a un fondo común por lo que las primas son muy bajas. Las personas pueden optar por salir de este programa si así lo desean. Comienza a consumirse cuando se agotan los fondos disponibles en el programa «Medisave».
- Por último, «Medifund» es el financiamiento gubernamental para el sector más vulnerable de la sociedad a través del cual subsidia hasta el 100 % de la salud analizando caso por caso para establecer si el usuario lo necesita. «Medifund Junior» es un programa paralelo que se encarga de la cobertura de niños de bajos recursos, atención primaria, plan dental, además de medicina prenatal y obstetricia para la futura madre (The Commonwealth Fund, 2017).

El Ministerio de Salud regula el sector otorgando las habilitaciones a los centros privados y a profesionales, controlando que la publicidad no sea engañosa, publicando un listado de los medicamentos que se pueden comprar a través de Medisave, y regulando los precios. Este último punto es vital, siendo la principal razón por la cual el gasto por persona en Singapur representa tan solo el 30 % del gasto por persona en USA, brindando un sistema claramente de mayor calidad a su población (Aaron E. Carroll, 2017). Por ejemplo, hay hospitales públicos y privados, pero los públicos no son gratuitos sino que compiten de igual a igual con los privados.

Otro ejemplo de aprendizaje de un país fascinante es que inicialmente se le permitió a los hospitales públicos y privados competir desreguladamente con la idea de que esto llevaría a mejorar el sistema de salud nacional por las simples leyes del mercado. Pero esto llevó a que los hospitales compraran nueva tecnología a altos precios, ofrecieran servicios de elevado costo, pagaran de forma muy diferencial a los doctores y redujeran sus servicios a las personas de menos recursos enfocándose en atraer al segmento de mayores ingresos. La consecuencia fue el aumento considerable de los costos del sistema de salud en su conjunto, ya que el segmento de mayores ingresos pagaba primas muy altas por servicios que no siempre consumían, y al Estado le salía más caro mantener el sistema de salud para los más desfavorecidos. Cuando se trata de cubrir las necesidades de la población en su conjunto, este sistema resultaba totalmente ineficiente. El control de precios impuesto por LKY logró que los hospitales públicos compraran tecnología de punta, prestaran un servicio de excelencia y pagaran altos salarios a sus doctores de una forma más inteligente y eficiente (Tong, Sheela Narayanan, & Paul, 2015).

Singapur es en definitiva un caso muy particular que amalgama un Estado presente y regulador con una exitosa economía de libre mercado. LKY se ocupó de brindarle igualdad de oportunidades a la población, y fueron los mismos habitantes los que sirvieron de herramienta para lograr el profundo cambio que transitó este país. Al leer su historia sorprende la versatilidad para adaptarse de acuerdo a lo que el contexto ofrecía sin quedarse estancados en una sola idea. Cuando la industrialización por sustitución de importaciones dejó de dar resultados cambiaron el modelo a una industrialización orientada a la exportación. Cuando los demás países de la región adoptaron el modelo de mano de obra intensiva a bajo costo cambiaron las prioridades políticas para generar un contexto que atrajera industrias de vanguardia que generaran un alto valor agregado para la economía y ofrecieran altos salarios para los habitantes.

DINAMARCA

*El equilibrio perfecto entre
educación y salud pública, pleno
empleo, jornada laboral reducida
y crecimiento económico*

Conformado por una península y más de 1,400 islas, su historia está estrechamente vinculada a la agricultura. Favorecido por su geografía, ningún punto de su territorio se aleja más de cincuenta kilómetros de la costa. El 80 % de los 5,5 millones de habitantes habla perfectamente inglés. En esta tierra llana en la que hay más bicicletas que automóviles, vive la gente más feliz del mundo según las Naciones Unidas, manteniéndose en los primeros puestos de este ranking de forma consistente desde los años 70. Quizás esta característica tenga relación con su reducida jornada laboral de 37 horas –aún menor en la práctica, normalmente de solo 34 horas debido a que los viernes el horario laboral en numerosas empresas suele finalizar al mediodía—[‡], dato que puede sorprender cuando vemos a Dinamarca alcanzar contraintuitivamente el tercer puesto en cuanto a productividad entre los países miembros de la Unión Europea. De hecho, llamativamente dentro de los diez países con mayor PBI entre los miembros de la OCDE, siete de ellos están entre los de menor jornada laboral semanal (Dinamarca, Alemania, Luxemburgo, Noruega, Suecia, Suiza y Holanda). En relación al PBI, este creció un 1.3 % en 2016 y se proyecta una tasa aproximada del 2 % para 2017, 2018 y 2019. La tasa de desempleo cayó hasta lo que se estima que es el desempleo estructural (4.8 % en febrero de 2018), por lo que la economía se encuentra en este momento con excelentes indicadores, según estimaciones de la OCDE. Durante el año 2017 Carlsberg, la cervecería danesa más importante, lanzó un comercial con el reconocido actor Mads Mikkelsen que destaca fantásticamente las mencionadas virtudes del pueblo danés. Una ingeniosa invitación a descubrir una cultura en solo dos minutos, representando los aspectos más importantes de la identidad nacional.

Su economía tuvo un punto de inflexión en el año 1870. Esta época estuvo signada por el ingreso de granos más baratos a Europa, provenientes de Estados Unidos de América y del Imperio Ruso, gracias a las mejoras en los medios de transporte y el incremento de la oferta. Esta disminución en los precios internacionales afectó directamente su economía, ya que se basaba primordialmente en su sector agropecuario. Otros países reaccionaron imponiendo aranceles a las importaciones, pero Dinamarca permitió el ingreso de este grano más económico y transformó su modelo productivo privilegiando el desarrollo de bienes de origen ganadero de alto valor agregado. Esta transformación sucedió gracias a la organización de los pequeños productores rurales agrupados en cooperativas, quienes aunaron esfuerzos en búsqueda de un desarrollo económico grupal. El cambio fue acertado, y los granos baratos sirvieron para alimentar la producción ganadera, la cual despegó a partir de la adopción de las nuevas tecnologías. El alto nivel educativo con el que ya contaba la población por ese entonces fue un factor fundamental para la aceptación de estas nuevas ideas y la rápida adopción de nuevas tecnologías, permitiendo a los productores daneses exportar productos de la más alta calidad. La manteca y la panceta danesas continúan hasta hoy siendo reconocidas entre las mejores del mundo.

Su industrialización se postergó hasta mediados del siglo XX. Aún en 1960 la actividad primaria era la responsable de la mayor parte de sus exportaciones. En la actualidad sigue siendo un rubro clave, ocupando apenas el 6 % de la mano de obra y alcanzando el 40 % del total de exportaciones. En cuanto a la actividad industrial, tiene el sorprendente récord de exportar el 80 % de toda su producción. Una gran parte de la misma son bienes de alta tecnología manufacturados con los más altos estándares. Y por último, es cada vez mayor la participación del sector de servicios en su balanza comercial. Para lograr estos niveles de productividad, Dinamarca se apoyó a lo largo de su historia en una población altamente calificada y adaptable.

La educación en Dinamarca es primordialmente pública (OECD, 2014; The Ministry of Higher Education and Science, The Ministry for Children, Education and Gender Equality, & The Ministry of Culture, 2016), con solo el 13 % del alumnado concurriendo a instituciones privadas. El gobierno invierte el 8 % de su PBI en educación, logrando aulas con un promedio de veinte alumnos o menos y una tasa de graduación mayor al 92 %. A tal punto llega la inversión en educación aquí que los estudiantes universitarios (Ministry of Higher Education and Science, 2019) reciben una paga de unos 900 dólares mensuales mientras cursan sus estudios, hasta un máximo de seis años, para que puedan completar su carrera.

¿Requerimientos? No vivir con los padres para recibir el monto total. ¿El resultado? 48 % de la población obtiene un título de grado. El objetivo del sistema es que no sean las condiciones sociales y económicas sino las habilidades e intereses los que determinen que cada estudiante pueda alcanzar su máximo potencial. Si nos basamos en los resultados, se puede juzgar que funciona adecuadamente: los daneses tienen una de las mayores tasas de graduación universitaria de los países miembros de la OCDE, y el desempleo entre los jóvenes es del 11 %, entre los más bajos de Europa y Estados Unidos (Rick Noack, 2015).

Los docentes en Dinamarca imparten clases con una carga horaria menor respecto al resto de los países miembros de la OCDE (650 horas versus 790 horas), a pesar de lo cual gozan de elevadas remuneraciones. El salario de un docente que recién comienza puede llegar a unos 45 mil dólares anuales. Para poder impartir clases en la escuela primaria, los aspirantes deben completar un título de grado en educación y una práctica profesional. Los docentes de la escuela secundaria superior deben tener un master en un área específica y completar un entrenamiento anual. El Ministerio de Educación hace campañas para atraer a los mejores estudiantes al área de enseñanza, ya que es una carrera con excelentes oportunidades profesionales.

La salud pública tiene un amplio alcance, y obtiene su financiamiento a través de una tasa del 8 % que pagan todos los trabajadores sobre su sueldo bruto. La misma cubre todos los gastos de los especialistas, internación, estudios preventivos, así como también los servicios de salud mental y cuidados a largo plazo. Los servicios dentales están totalmente cubiertos para niños menores de 18 años. Los medicamentos recetados para pacientes ambulatorios, la atención dental para adultos, la fisioterapia y los servicios de optometría están subsidiados. Del total nacional, aproximadamente el 84 % de los gastos en salud son cubiertos por el Estado, lo que representa el 10.6 % del PBI. Un sistema adicional de cobertura voluntaria provisto por organizaciones sin fines de lucro da acceso 2.2 millones de personas a descuentos adicionales en medicamentos, cuidado dental y fisioterapia. Existen seguros médicos privados para mayores prestaciones, que cubren a 1.5 millones de clientes (The Commonwealth Fund, 2017). El gasto en salud ocupa un 30 % del gasto público total. Para evaluar el sistema, unos 250 mil pacientes al año son encuestados para conocer su grado de satisfacción. Cuando el doctor así lo prescribe, en casos de enfermedades severas o críticas, los pacientes tienen derecho a un servicio de enfermería en el domicilio con todos los gastos cubiertos. Además, las municipalidades disponen de tratamientos de rehabilitación física y mental exhaustivos para el paciente que no pueda valerse por sí mismo, hasta que pueda cuidarse sin requerir ayuda de terceros.

En cuanto a los mayores de 65 años, tienen derecho a ser cuidados en su hogar, con los costos de limpieza general, lavandería y aseo personal completamente cubiertos. Alrededor del 12 % de los adultos mayores de 65 años utilizaron este tipo de ayuda en el 2017. Si el médico generalista detectara que el paciente requiere pasar a un asilo para recibir mayores cuidados, el plazo para completar este trámite no debe exceder los dos meses. Aproximadamente el 4 % de los adultos mayores a 65 años se encuentran en hogares de este tipo. ¿Sistema de salud público e ineficiente? Al contrario, los índices de productividad daneses aumentan de forma sostenida (12 % de 2007 a 2012) incluso con ahorros, obtenidos de la eliminación de ineficiencias estructurales. Además, es el país europeo donde las personas pasan menor tiempo en internación (4.5 días en promedio). Esto se logró a través de la capacitación especialmente enfocada en los médicos generalistas, que resuelven alrededor del 90 % de los casos en la primera consulta, y los hospitales a los cuales derivan a los casos más graves cuentan con un alto grado de especialización que permite un alto nivel de eficiencia en términos de costos. La base de datos de cada paciente debe ser compartida (incluso si es atendido en un centro privado) y cada individuo puede chequear toda su información de forma online (*Healthcare in Denmark*, 2016). En línea con la búsqueda del aumento de la efectividad del sistema, existe la posibilidad de realizar la consulta médica desde la casa a través de video llamada. En palabras de la princesa María Isabel de Dinamarca:

«En Dinamarca nuestro esfuerzo para priorizar al paciente —combinado con esfuerzos para mejorar la eficiencia y calidad— resultó en una amplia gama de soluciones innovadoras en el sector de la salud. Sinceramente creo que los logros y la experiencia alcanzados pueden tener un impacto positivo en la salud de todo el mundo»

En cuanto al comercio, se ubica en el tercer puesto en el ranking del Banco Mundial de «Facilidad para hacer negocios» detrás de Nueva Zelanda y Singapur, principalmente por sus fronteras abiertas para el comercio. Sus socios principales son Alemania, Suecia, Noruega e Inglaterra. Sus principales exportaciones son maquinarias, productos químicos, productos de origen animal (cerdo e industria pesquera) y alimentos elaborados. Sus principales importaciones son automóviles, petróleo, medicamentos y computadoras. Dinamarca postula como bandera de su política internacional la promoción del libre intercambio de bienes a nivel global, y sostiene que todos los países, incluso los países en vías de desarrollo, pueden beneficiarse ante un incremento de los intercambios comerciales mundiales.

Impositivamente, Dinamarca aplica una tasa considerablemente baja del 22 % para las empresas (Deloitte, 2018). Todos los gastos de I&D se pueden descontar del pago de impuestos. Las pérdidas se pueden trasladar a ejercicios futuros sin que exista un límite de tiempo para aprovechar este beneficio. En cuanto a los impuestos a las personas, la tasa del impuesto al consumo (VAT o IVA) es fija del 25 % para todos los productos. Además, todos los contribuyentes pagan un 8 % fijo sobre el ingreso bruto que luego se pueden deducir del impuesto a las ganancias, cuando aplica. El impuesto a las ganancias se paga a partir de una base muy baja, es progresivo y alcanza en su punto más alto el 55.8 % del total para los ingresos mayores a 500 mil dólares anuales. Existen varias deducciones con un límite de 7 mil dólares anuales, incluyendo por ejemplo intereses pagados, manutención de hijos, aportes a fondos jubilatorios, transporte del hogar al trabajo, etc. (Deloitte, 2018).

¿Cuál es el secreto de Dinamarca para proveer de todas estas ventajas a su población sin un déficit presupuestario significativo (en los últimos cinco años osciló entre un déficit del -1.5 % y un superávit del 1 % del PBI), con crecimiento económico y superándose cada día? La educación es clave. Siempre lo fue a través de su historia. Fue lo que le permitió abrir su mercado y pasar de ser un país netamente agrícola, a generar productos ganaderos de alto valor agregado que lograron reconocimiento mundial, y aún siguen manteniendo su status. Tiene una balanza comercial positiva y es un país atractivo para la inversión extranjera gracias a su sistema impositivo, su capacidad de innovación, la avanzada tecnología del país y sus excelentes profesionales. Al ser un centro de radicación de empresas de alto valor agregado, los salarios son generalmente elevados.   En consecuencia, las arcas nacionales se ven beneficiadas por la pesada carga impositiva que recae en las personas. También su sistema de salud es esencial, permitiendo la crianza de jóvenes saludables, generando conciencia en la población sobre la importancia de una vida sana, y cuidando de los más enfermos en el momento que más lo necesitan. Un sistema de este tipo permite una tranquilidad adicional para todos. Los individuos pueden desarrollarse profesionalmente con la serenidad que le brinda el bienestar de sus familiares. Además, el control de las variables de educación y salud parecen traer aparejada una sociedad con mejores índices de seguridad. Combinado con la alta productividad de los empleados daneses, presenta las condiciones ideales para realizar una inversión segura. Las inversiones compensan de sobremanera el gasto en el que incurre el gobierno.

IRLANDA

El hijo rebelde de la corona

Tierra de legado celta, su lucha de 800 años con el Reino Unido culminó con su independencia en 1922 tras la cual se proclamó la República de Irlanda. Tierra infinita en leyendas, la más influyente de ellas es la de San Patricio, quien predicó la divina trinidad cristiana mostrando un trébol de tres hojas (*shamrock*, en inglés), el cual se convertiría luego en un símbolo nacional. Muchas de estas historias reflejan el carácter obstinado y firme del pueblo irlandés. Los principales asentamientos se encuentran hacia el centro y este de la isla, donde prevalecen las praderas, en ciudades como Dublín, Cork, Limerick o Kilkenny ya que el oeste es terreno montañoso, rocoso e infértil. La conversión de Irlanda al catolicismo fue el principal motivo de enfrentamiento con la corona británica a través de su historia, y hacia principios del siglo XX las diferencias significaron la ruptura entre Irlanda e Irlanda del Norte (que ocupa el territorio de la antigua provincia de Ulster, con una superficie de aproximadamente un sexto del territorio de la isla), región de tradición protestante a causa de los numerosos asentamientos británicos que allí tuvieron lugar. Con la disputa por la región norte acrecentándose luego de la independencia, la tensión entre católicos y protestantes llegó a tal punto que el domingo 30 de enero de 1972 una protesta civil pacífica fue reprimida por la policía, dejando un saldo de catorce muertos, en un trágico hecho que pasaría a la historia como *Bloody Sunday* (inspirando la famosa canción del grupo musical U2) y que no sería más que el origen de treinta años de atentados ejecutados por el grupo terrorista IRA (*Irish Republican Army*) en una escalada de violencia conocida como *The Troubles*.

En la actualidad es un país muy receptivo para quienes buscan oportunidades de trabajo en Europa, pero irónicamente su trágica historia de pestes y guerras obligó a las generaciones anteriores a abandonar masivamente sus tierras. El evento más significativo fue la gran hambruna que flageló el territorio en el período comprendido entre los años 1845 y 1852, donde murieron un millón de personas y más de dos millones emigraron hacia Liverpool y la costa este de Estados Unidos de América, recalando principalmente en las ciudades de Boston, New York y Philadelphia (influencia retratada en distintas obras cinematográficas de Martin Scorsese). De los ocho millones de habitantes que ocupaban el territorio antes de esta tragedia, la población se redujo a la mitad y es hoy día que apenas supera los cinco millones. Paradójicamente, la diáspora irlandesa tuvo como consecuencia que un total aproximado de ochenta millones de personas alrededor del mundo posean raíces irlandesas.

El desarrollo alcanzado por Irlanda hacia finales del siglo XX califica de milagro económico. Durante los años 90 se convirtió en el segundo país con mayor PBI per cápita de la zona Euro y el onceavo del mundo. Esto resulta sorprendente al comparar la situación en la que se encontraba tan solo 30 años atrás, en 1987, cuando *The Economist* publicaba un famoso artículo titulado *Poorest of the Rich* («El más pobre entre los ricos»). Los vaivenes sufridos por el país a lo largo del siglo tuvieron varios capítulos de fuertes contrastes entre sí:

- En la década del treinta, poco después de independizarse, Irlanda adoptó medidas proteccionistas para defender su industria y a sus agricultores. Este aislamiento del resto del mundo se extendió hasta los años cincuenta. Los resultados fueron estancamiento económico, escaso desarrollo de la industria nacional y atraso tecnológico.
- En la década del sesenta cambió drásticamente su política al adoptar medidas de libre mercado bajando los aranceles aduaneros y otorgando beneficios impositivos a las empresas que invirtieran en su territorio. El artífice de esta apertura fue Seán Lemass, uno de los políticos más respetados por su legado. Paralelamente, Lemass también instauró numerosas medidas sociales, la más importante de ellas siendo la educación primaria libre y gratuita.
- En la década del setenta el pueblo votó a favor en el referéndum para ingresar a la Comunidad Económica Europea (luego, Unión Europea) y continuó la implementación de políticas sociales y la expansión de la educación para incluir a la escuela secundaria. Hacia finales de esta década, luego de 20 años de apertura económica, los resultados no fueron los esperados: el estado de bienestar había crecido más que la economía. El déficit del presupuesto alcanzó el 17 % del PBI manteniéndose solo a través de un nivel de endeudamiento mayor al 90 % del PBI.
- Hacia la década del ochenta la apertura económica hizo que los productores locales desaparecieran y el desem-

pleo trepó al 17 % en 1985. Los jóvenes estudiantes universitarios continuaron emigrando con la consecuente pérdida de mano de obra calificada, los beneficios impositivos solamente atrajeron pequeñas oficinas mayormente dedicadas a la liquidación final de impuestos mas no fuentes sustanciales de empleo, el impuesto a las personas físicas alcanzó el 60 % del ingreso y la legislación laboral era una desventaja por su complejidad. Irlanda era efectivamente el país más pobre de Europa occidental y el horizonte no era nada alentador.

- ¿Qué cambió en la década del 90? Hubieron recortes al presupuesto, claro, pero esta medida no fue la que impulsó la economía. Es a partir de la fuerte apuesta del entonces primer ministro Charles Haughey en 1987 orientada a crear un centro neurálgico para las finanzas internacionales y a otorgar sustanciales beneficios impositivos (impuesto a la renta del 10 % para ciertas actividades financieras y recorte del 32 % al 12.5 % para el resto de las empresas) lo que contribuyó a que Irlanda comenzara a crear más fuentes de empleos calificados. La enorme mayoría de las empresas multinacionales establecieron su sede en Irlanda y su PBI creció entre el 7.5 % y el 11.5 % durante 15 años consecutivos.

- Al 2015, según un informe del Ministerio de Finanzas el centro financiero internacional ocupaba a 35 mil empleados en más de 400 firmas y era responsable del 7 % del PBI. El objetivo hacia el año 2020 es que el sector ocupe un total de 45 mil profesionales (*IFS2020: A Strategy for Ireland's International Financial Services sector 2015—2020*, 2015).

La educación en Irlanda es considerada como un punto central en el desarrollo económico, social y cultural de la sociedad irlandesa. Los gobiernos y los interlocutores sociales lo consideran estratégicamente interrelacionado con la planificación nacional. Existe un alto nivel de interés público en cuestiones educativas, que se han desarrollado aún más mediante el enfoque consultivo adoptado por el gobierno en la formulación de la política educativa. Los alumnos irlandeses se destacan en las evaluaciones internacionales como las pruebas PISA, en las materias de lectura y ciencia. La educación en Irlanda es obligatoria desde los 6 hasta los 16 años de edad. La abrumadora mayoría de las escuelas son financiadas por el Estado y el enfoque de la enseñanza es basado en cada caso en particular, permitiendo flexibilidad en los tiempos y métodos de aprendizaje. A pesar de no ser obligatorio, virtualmente todos los niños de 4 y 5 años asisten a la educación pre-escolar libre y gratuita. En la década del 60, cuando la educación pasó a ser financiada a través del Estado gracias al gobierno de Seán Lemass, solo el 20 % de los alumnos completaba la educación secundaria. Lentamente la tasa de graduación fue creciendo hasta alcanzar el 75 % en 1990, sentando las bases para responder ante el exigente desafío en materia de recursos humanos calificados que supuso convertirse en uno de los centros de finanzas de Europa. Actualmente, más del 80 % de los alumnos completa la escuela secundaria. Al mismo tiempo, el 43 % de la población entre 25-64 años cuenta con un título de grado, el segundo mayor ratio de Europa solo por detrás del Reino Unido.

En la actualidad, se reconoce y acepta ampliamente que la educación es un factor clave del éxito económico y el progreso social en la sociedad moderna. Existe un creciente reconocimiento, particularmente en la Unión Europea, de que la provisión de educación y capacitación de calidad es fundamental para la creación de una economía basada en la innovación, y el conocimiento, que sea la base para una prosperidad continua y sostenible. La educación y la capacitación también son cruciales para lograr el objetivo de una sociedad inclusiva donde todos los ciudadanos tengan la oportunidad y el incentivo de participar plenamente en la vida social y económica del país (Ministry of Education and Science, 2004).

El sistema de salud es mixto, con un 40 % de la población cubierta por el seguro privado y el resto dependiendo de la cobertura pública. Tiene una alta participación privada en el sistema de salud, muy por encima de la mayoría de los países europeos, y normalmente tiene una mala performance en la mayor parte de sus indicadores. Las listas de espera en el sector público para atenderse con un especialista pueden llegar a demorar hasta 18 meses. El «Índice Europeo del consumidor de la Salud» llevado adelante por la *Health Consumer Powerhouse* es el estudio más exhaustivo del continente, otorgando a los distintos países un puntaje entre 0 y 1000 puntos consistentemente desde 2006. La lista es encabezada por Holanda con un score de 924 puntos, mientras que Irlanda se ubica vigesimocuarto entre 34 naciones con 630 puntos en la escala. Algunas cuestiones que lo relegan son el no acceso por ley a una segunda opinión médica, no existe la posibilidad de obtener turnos de forma online, los tiempos de espera en las guardias son excesivos, el aborto no se encuentra legalizado (en debate al cierre de la edición del libro) y existe una gran desigualdad entre las prestaciones del sistema público y privado. A pesar de que el sector privado cuenta con el 40 % de la población afiliada, para el año 2015 los hospitales públicos atendieron a 514.000 pacientes mientras que los hospitales privados registraron tan solo 133,000, lo cual resulta en un claro desbalance entre recursos y gastos de cada uno. El gobierno de Irlanda invierte tan solo el 5.5 % del su PBI, lejos del 8.5-9 % que ocupan países que lideran los rankings de salud como Noruega, Suecia y Dinamarca.

El estándar de vida es alto en Irlanda, los salarios subieron desde la época del Tigre Celta hasta la actualidad y la inequidad disminuye por su sistema impositivo redistributivo. La población tiene un buen equilibrio entre vida personal y trabajo, se siente segura y tiene fuertes vínculos sociales. Los recortes de impuestos impulsaron la reactivación del consumo postcrisis financiera global (2008-2009) y la tasa de desempleo para el 2017 fue del 6.4 %. La economía proyecta un crecimiento continuo del orden de los 2-3 % y la tasa de inflación no superará el 2 %. La mayor amenaza que cae sobre su economía es cómo impactará el *Brexit* en sus exportaciones ya que UK absorbe el 20 % de las mismas. El sistema de salud genera descontento en la población pero se proyectan reformas que mejoren esta situación para reducir los tiempos de espera y brindar acceso gratuito al médico generalista para toda la población. Irlanda transformó su modelo de país con resultados sorprendentes. Aprendió de la forma más dura que las políticas aisladas fracasan y es necesaria una solución integral con bases sólidas sobre las cuales construir un modelo.

CANADÁ

La embajada mundial de la diversidad

Es el segundo país más extenso del planeta y alberga en su territorio una cifra —estimada— de dos millones de lagos. La historia de Canadá es una historia de integración y tolerancia: pionero en cuanto a libertades individuales, fueron los esclavos americanos los primeros que buscaron refugio en su territorio ya que la esclavitud comenzó a ser ilegal a partir de varios fallos judiciales particulares desde la década de 1790 en las provincias de Quebec y Ontario. Luego, con la construcción del ferrocarril de costa a costa creció considerablemente la inmigración asiática, rasgo que se puede observar hoy en día en su composición demográfica. La población actual es de aproximadamente 35 millones de habitantes, los cuales se identifican con más de 250 diferentes grupos étnicos (un 40 % del total se identifica con más de un origen a la vez). En el censo 2016, los grupos más representados fueron ingleses, escoceses, franceses, irlandeses, alemanes, chinos, indios, italianos, aborígenes, ucranianos, holandeses, polacos, filipinos y rusos («North America: Canada—The World Factbook—Central Intelligence Agency», 2019).

Su crecimiento económico está indudablemente vinculado al de los Estados Unidos, único país con el que comparte casi nueve mil kilómetros de frontera al sur y oeste de su territorio -la frontera entre dos países más extensa del mundo—. Su vasta extensión fue bendecida con abundantes recursos naturales que lo posicionan como la economía con la tercer mayor reserva de petróleo detrás de Venezuela y Arabia Saudita y el sexto productor mundial de crudo. Su grado de integración económica con Estados Unidos es tal que tres cuartos de sus exportaciones tienen como destino a su país vecino. Su matriz exportadora se compone de la siguiente manera:

- 24 % minerales y metales
  - Petróleo crudo (9 %) y refinado (2 %)
  - Hierro
  - Cobre
  - Carbón
  - Aluminio
  - Níquel
- 19 % transporte
  - Automóviles y autopartes
  - Aeronaves y componentes
- 7 % derivados químicos
  - Medicamentos
  - Fertilizantes
  - Químicos radioactivos
- 5 % metales preciosos
  - Oro

Sus importaciones tienen la siguiente composición:

- 26 % maquinarias
  - Computadoras
  - Teléfonos
  - Amplia gama de maquinarias no producidas en el país
- 17 % transporte
  - Automóviles y autopartes
  - Aeronaves y componentes
- 8 % derivados químicos:

Según se puede ver, estamos hablando de una economía ampliamente diversificada, donde los recursos naturales representan el 50 % del total de sus exportaciones, fuente de ingreso principal de varias provincias. Al mismo tiempo, posee un sector industrial pujante. Su desarrollo está vinculado estrechamente al tratado de libre comercio entre los tres socios norteamericanos, destino del 75 % de sus exportaciones. Además, cuenta con tratados bilaterales con una gran cantidad de países, incluyendo Chile, Costa Rica, Israel, Perú, Islandia, Suiza y Noruega. No existen amplios controles gubernamentales sobre los precios de los bienes y servicios en Canadá, excepto algunos servicios de naturaleza monopólica que se encuentran bajo revisión de comités específicos (Deloitte, 2017).

Respecto a la educación en Canadá, la misma es mayormente pública, donde se concentra el 94 % de la matrícula. El 91 % de los adultos entre 25-64 años de edad completaron la educación secundaria y un 57 % de ellos obtuvo un título de grado. El gobierno invierte aproximadamente el 5 % del PBI en educación. ¿El secreto? Según Andreas Schleicher, Director de Educación de la OCDE, «la temática que une es la equidad», ya que a pesar de los diferentes abordajes a la enseñanza de cada provincia hay un compromiso común con la igualdad de oportunidades en la escuela. Menciona asimismo que hay un gran sentido de la justicia e igualdad de acceso, lo que se ve reflejado en la alta performance académica de los hijos de inmigrantes, que a partir del tercer año desde su llegada obtienen la misma puntuación en exámenes internacionales que sus compañeros nativos, algo fuera de lo común en el resto de los países miembros de la organización. Además, menciona como factor primordial el alto salario cobrado por los docentes, que tienen que superar un arduo proceso para poder impartir clases delante del alumnado. Hay una fuerte conciencia de ayuda, por lo que cuando se identifica una escuela o un alumno se encuentran en dificultades, inmediatamente se busca la causa para poder potenciar tanto al establecimiento como a los alumnos. Las escuelas, por tanto, tienen un rendimiento excepcionalmente homogéneo. Como resultado, en los exámenes PISA más recientes la variación en la puntuación causada por diferencias socio-económicas fue de tan solo 9 %, muy baja en relación al 20 % de Francia o 17 % de Singapur (Islam, 2017).

El sistema público de salud canadiense es conocido por muchos, pero no así la transformación que atravesó: hasta mediados del siglo XX, era un sistema privado similar al de USA (The Commonwealth Fund, 2017). En 1910 un niño de origen muy humilde casi pierde su pierna por una infección, debido a que sus padres no podían cubrir el costo del tratamiento. En 1944 este niño —llamado Tommy Douglas— ganó la gobernación de la provincia de Saskatchewan en el centro del país e instauró un sistema de cobertura universal que se convertiría en el modelo adoptado a nivel nacional en el breve lapso de diez años, convirtiéndose en un pilar fundamental, con una aprobación mayor al 90 % de la población (Amanda Coletta, 2018).

En palabras de Tommy Douglas:

«Sentí que ningún niño debería tener que depender –ya sea por su pierna o por su vida— de la capacidad de sus padres para recaudar dinero suficiente para llevar a un cirujano de primera clase a su lado de la cama» (Shackleton, 1975, p. 17)

Las provincias comenzaron a subsidiar los gastos de la población en las instituciones privadas, reembolsando el total de los gastos médicos en hospitales o clínicas y cubriendo los gastos de emergencias. En la actualidad, el sistema de salud se financia a través de los impuestos generales, dando lugar a una importante distorsión en el gasto entre las diferentes provincias a causa de factores demográficos, como por ejemplo poblaciones muy pequeñas o dispersas en las provincias del interior. Cuando un canadiense requiere atención médica, el primer contacto (obligatoriamente) es con el médico generalista, generalmente ubicados en hospitales, centros locales o consultorios privados. Son ellos mismos los responsables de solicitar el reembolso al gobierno por el servicio que prestaron, desligando a los pacientes de esta responsabilidad. De ser necesario, el médico generalista es el responsable de derivar al paciente hacia un hospital o especialista. La cobertura púbica solo incluye plan dental, oftalmología, prótesis, sillas de rueda y fisioterapia para adultos, niños y personas de bajos ingresos. El resto de los ciudadanos tiene que pagar estos gastos de forma privada o contratar un seguro privado (aproximadamente 66 % de la población cuenta con este tipo de seguro, el cual es financiado en el 94 % de los casos por los empleadores) pero tienen prohibido por ley prestar un servicio del cual se haga cargo el Estado. Canadá cuenta con un menor gasto per capita que los Estados Unidos, alcanzando indicadores superiores en expectativa de vida, obesidad, mortalidad infantil y mortalidad por enfermedades tratables.

Las críticas que sufre el sistema son los largos tiempos de espera (43 % recibió atención médica el mismo día, 50 % tuvo esperas mayores a dos horas en salas de emergencias, 30 % esperó más de dos meses para ver un especialista y 18 % sufrió demoras mayores a cuatro meses para ciertas cirugías según datos del Commonwealth Fund) y la carga de ser el único país desarrollado con salud universal que no cubre los medicamentos. Además, es común escuchar una crítica dirigida hacia la desactualización que padece el sistema de salud, el cual no ha cambiado demasiado en los últimos cincuenta años, sufriendo un rezago respecto a las necesidades de una población en promedio más envejecida. En la actualidad el modelo de hospital centralizado no resulta eficiente para el tratamiento de enfermedades crónicas tales como diabetes, demencia, cardiología y enfermedades pulmonares crónicas cuyos pacientes no tendrían la necesidad de hospitalizarse.

La tasa impositiva sobre las personas varía considerablemente de provincia a provincia. En cuanto a la tasa impositiva para empresas, la misma consiste de un 15 % fijo a nivel nacional, más una tasa provincial que puede variar entre el 11 % y el 16 % (Deloitte, 2017).

Canadá obtiene altos índices en bienestar general, empleo e ingresos, salud, educación, vida social y seguridad personal, componentes del Índice de Bienestar medido por la OCDE. El nivel de ingresos y la riqueza de los hogares están por encima del promedio de la OCDE, mientras que los resultados en empleo, ingresos y acceso a la vivienda están muy por encima del promedio de la OCDE. No se desempeña tan bien en relación al balance entre vida personal y trabajo.

Canadá es un país lleno de oportunidades, donde una gran cantidad de inmigrantes buscan mejorar su situación personal. Uno de cada cinco habitantes de Canadá nació en el exterior, y los estudios de la OCDE muestran una integración al país que excede aquella alcanzada en el resto de los países miembros. Las posibilidades de obtener una buena educación son superiores al resto y sus resultados en exámenes internacionales muestran una adaptación excepcionalmente satisfactoria. Estadísticamente, aquí los inmigrantes no tienen inconvenientes en alcanzar un bienestar similar a los locales. En cuanto a la población en general, la participación ciudadana en política es alta, con un 68 % de la población participando de las elecciones generales. Respecto al gobierno, solo el 36 % de los canadienses señalaron que creen que la corrupción es común, cifra bastante menor al 56 % que obtienen en promedio los países que componen la OCDE (OECD, 2017).

Dueña de paisajes impactantes, Canadá es raramente un país de referencia para visitar, pero fácilmente puede atraer la atención de turistas en busca de panoramas espectaculares y aventura. De hecho, el movimiento pictórico más importante de su historia, «el grupo de los 7», fue un conjunto de artistas que retrataron incontables paisajes alrededor del país. Una de las principales colecciones se puede encontrar en la Galería de Arte de Ontario, en la ciudad de Toronto.

El ciudadano canadiense generalmente es una persona que se encuentra en la permanente búsqueda entre el equilibrio de un gobierno que ofrece igualdad de oportunidades, adecuados servicios de salud y una educación de calidad, al mismo tiempo que reconoce la importancia de atraer inversiones extranjeras para mejorar su economía. Un país que no aspira a ser ejemplar, con gente y gobernantes humildes, pero que irónicamente deja valiosas lecciones al resto del mundo.

COREA DEL SUR

El milagro del río Han

Aislada del continente a causa de la violenta guerra que se desarrolló en la península coreana entre los años 1950 y 1953, el contraste entre la Corea del Norte comunista y la Corea del Sur capitalista no podría ser mayor. El enfrentamiento bélico dejó un saldo de 1.5 millones de civiles muertos y más de la mitad de la infraestructura del país destruida. El conflicto quedó inconcluso al nunca haberse firmado la paz, y en consecuencia se mantiene hasta la actualidad una frontera desmilitarizada de cuatro kilómetros de ancho, fuertemente vigilada por ambos países en una tensa calma. La calidad de vida alcanzada por Corea del Sur a partir del milagro económico conocido como «El milagro del río Han» (en referencia al «milagro del río Rin» que protagonizó Alemania Occidental tras la Segunda Guerra Mundial) le permitió a su población alcanzar en las últimas décadas una calidad de vida impensada tras la independencia de Japón en 1945, cuando se encontraba sumida en un caos social y político.

Tras un lapso de tres años de ocupación norteamericana por la disputa territorial entre USA, China y la URSS tuvo su primer gobierno democrático en 1948, año a partir del cual comenzó a transitar un sendero que alternó gobiernos militares y civiles que como punto en común solamente tuvieron sus altos índices de corrupción. Hacia principios de los sesenta esta península de escasísimos recursos naturales, economía agrícola y extremadamente pobre, con un presupuesto que dependía 50 % de la ayuda externa, sufrió su primer golpe de estado. Park Chun Hee encabezó el primer levantamiento que lo llevó a gobernar la república desde 1961 hasta 1979, centrando sus esfuerzos en crear una economía ligada a las exportaciones (similar a Singapur) y otorgando en pos de este fin beneficios impositivos extraordinarios a las familias más importantes del país. Esto dio origen a los tradicionales *Chaebols* surcoreanos: grandes conglomerados extraordinariamente diversificados cuya traducción es al mismo tiempo «empresa familiar» y «monopolio», y que sentaron las bases para empresas como Samsung, Daewoo, Kia, LG o Hyundai. Estos conglomerados de empresas se diversificaron a tal punto que se convirtieron en los mayores demandantes de mano de obra del país. El tiempo le daría la razón a Park Chun Hee ya que gracias a estas políticas, la apertura económica de su economía al mundo no desbarató la industria nacional, y la orientación a las exportaciones le permitió un crecimiento del PBI con tasas extraordinarias durante más de 30 años. En el año 2004 Corea se unió al selecto grupo de países con un PBI que supera el billón de dólares. Todo esto, sin reparo de un reporte del gobierno japonés emitido en 1961 que sentenciaba:

«La economía coreana tiene un futuro oscuro para alcanzar un crecimiento económico sostenido y autosuficiencia debido a su sobrepoblación, escases de recursos, industria subdesarrollada, alto costo militar, incapacidad política,

industria nacional débil e incapacidades administrativas»

El suceso económico que atravesó en la segunda mitad del siglo XX lo compartió con características similares junto con Hong Kong, Singapur y Taiwán, naciones que el mundo denominaría Tigres Asiáticos por su economía pujante y sus enormes tasas de industrialización (World Bank, 1993). Hoy Corea del Sur es la séptima economía más exportadora del mundo, la mayor productora de barcos y la primera exportadora de chips y tarjetas de memoria. Tiene tratados de libre comercio con más de cincuenta países y en los últimos años su economía creció a un ritmo aproximado del 3 % anual. Su tasa de desempleo es del 3,4 % y tiene índices de distribución del ingreso muy positivos, con el 10 % más pobre obteniendo alrededor del 6,8 % del ingreso total mientras que el 10 % más rico registra el 48.5 % del mismo. El coeficiente de Gini, que mide esta disparidad, arroja un índice de 34.1 para el país. Un resultado intermedio entre el 21.5 de disparidad en Finlandia y el 42.7 de la Argentina. La clase media está compuesta en un alto porcentaje por los empleados de los *chaebols* a los que aspiran todos los trabajadores locales. Quienes logran ingresar a estas empresas gozan de un alto status en la sociedad y normalmente aspiran a vivir en el barrio más rico de la ciudad de Seul, Gangnam District. Este barrio concentra la moda, los cafés, la cultura, la música, los mejores restaurantes y las viviendas más codiciadas, las cuales pueden alcanzar valores de 10 mil dólares por metro cuadrado. El movimiento K-pop (korean pop) domina la escena musical y cruzó las fronteras con el cantante PSY a través del video más visto en la historia de YouTube, Gangnam Style, que significa que cuando una persona tiene un estilo y un status determinado puede permitirse vivir en este adinerado distrito. No es casualidad entonces que Corea tenga un alto índice de endeudamiento entre su población, la cual financia estos altos costos de vida con una creciente deuda financiera.

Durante la década del 60, aun siendo una nación sumamente pobre, concentró sus esfuerzos en la industria textil llegando a ser el primer exportador mundial. Pero este modelo basado en salarios bajos pronto dejó de ser competitivo y el gobierno buscó el desarrollo de sectores más productivos como el acero, la producción de barcos y la producción de maquinarias. El impulso de la industria acerera permitió dotar de materia prima al país para el perfeccionamiento de la industria naval, los automóviles, la maquinaria avanzada, la construcción y la electrónica. Durante esta etapa de aprendizaje, se contrataron numerosos especialistas japoneses con el fin de importar el conocimiento que permitiera aumentar la capacidad de producción de tecnología, y cuando se encontraban con limitaciones las resolvieron con una sorprendente creatividad que les permitió avanzar a la vanguardia del desarrollo tecnológico mundial. Durante los setenta, las empresas surcoreanas aprovecharon las crisis del petróleo para expandir sus fronteras y desplegar grandes emprendimientos en Oriente Medio, dentro de la industria petrolera. Los ochenta vieron la llegada de grandes inversiones extranjeras, con los Tigres Asiáticos ya consolidados como economías atractivas para los capitales mundiales (Barro, 1998). Este flujo de inversiones produjo una burbuja financiera en los 90 que explotó en el año 1997, cuando Corea del Sur quebró. El FMI salió al rescate para financiar el déficit, pero impuso sus condiciones: obligaron a cerrar instituciones financieras insolventes, reestructurar los holdings locales, incentivar cambios culturales en las *chaebols* para fomentar la competencia y aumentar la performance de los empleados. Hacia agosto del 2001 Corea canceló su deuda con el FMI y su nivel de reservas alcanzó aproximadamente los 100 billones de dólares.

La universidad es la puerta de ingreso para una vida mejor y determina drásticamente el futuro laboral. El rumor entre los estudiantes es que las compañías más importantes del país solamente contratan a los empleados de las mejores universidades, descartando los currículum vitae de quienes asisten a otras instituciones sin detenerse en ningún otro detalle. El 70 % de la población cuenta con un título universitario, el porcentaje más alto de los países miembros de la OCDE. La educación es culturalmente vital para las familias sin punto de comparación con otra sociedad en el mundo. Se encuentra fuertemente arraigado en el inconsciente colectivo la importancia que significó la educación para poder llegar a ser la potencia económica que es hoy en día, y eso se traduce en familias dedicadas exclusivamente a brindarle las mejores oportunidades posibles a sus hijos. El 97 % de los jóvenes entre 25-34 años alcanzó a completar su formación secundaria, el mayor porcentaje registrado entre los países miembros de la OCDE. Corea del Sur siempre ocupa los primeros lugares en los rankings de exámenes internacionales PISA. La principal explicación es que el gobierno de Park comprendió que para desarrollar la industria necesitaba mano de obra calificada, entonces el gobierno alineó el plan de estudios con sus necesidades estratégicas, lo que se tradujo en un enfoque orientado hacia las ciencias exactas y las matemáticas, asignaturas en las que exceden al resto de los países de la OCDE.

El sistema educativo es tan relevante que el título habilitante para impartir clases en Corea concede un gran prestigio, y se alcanza solo luego de atravesar una rigurosa carrera universitaria recompensada con elevados salarios. A fin de poder acceder a la carrera docente, hace falta haber obtenido calificaciones dentro del 5 % superior al finalizar la educación obligatoria. Para lograr equiparar el nivel de todos los establecimientos educativos, tanto los docentes como los directores y los asistentes de dirección rotan por medio de un sistema de sorteo cada 4 o 5 años de una escuela a otra dentro del mismo distrito donde habitan. El mismo sistema de sorteo se utiliza para el ingreso de los estudiantes, a fin de evitar la segregación educativa. La escuela primaria y la escuela media son obligatorias y totalmente cubiertas por el gobierno, mientras que la escuela superior y las populares clases extracurriculares son impartidas en instituciones privadas y suponen una erogación significativa para los padres. La escuela primaria se extiende desde las 8 am hasta las 9.30 pm o incluso hasta las 11 pm en los superpoblados *Hagwons*: clases extracurriculares privadas masivas de apoyo escolar que mueven un negocio de 200 millones de dólares. A través de los *Hagwons* los jóvenes pretenden incrementar sus posibilidades de rendir bien el examen anual de ingreso a las universidades, el cual determina el abanico de opciones a elegir a través de la calificación obtenida. El examen llega indefectiblemente el segundo jueves de cada noviembre, y el país se detiene para que 600,000 jóvenes decidan su destino en el transcurso de las ocho horas que dura el examen. Se detiene literalmente, ya que se reprograman los vuelos y se cancelan las construcciones que tengan lugar cerca de las sedes donde se rinden los exámenes para no desconcentrar a los alumnos. Solo obteniendo 490 sobre los 500 puntos posibles, los alumnos pueden acceder a alguna de las tres universidades top que les abrirán las puertas a un futuro promisorio (Wizenberg & Varsavsky, 2017). En los *Hagwons* de élite existen empleados que caminan entre los alumnos despertándolos si se rindieron ante el sueño de varias jornadas seguidas de estudio. A lo largo del ciclo escolar es muy extraño encontrar un niño que repita de año.

Este nivel de estrés en los jóvenes tiene un precio demasiado alto: las tasas de suicidio en Corea del Sur son las más altas del mundo, especialmente entre las edades de 10 a 19 años, período en el que el gobierno recientemente encontró que el 50 % de los jóvenes al menos pensó en el suicidio como una vía de escape a la presión impuesta tanto socialmente como por el entorno familiar. El soporte brindado por el Estado para esta problemática es aún insuficiente e ineficaz. Como contrapartida a esta problemática, incipientes escuelas no tradicionales surgieron para contener a los chicos que buscan otro tipo de formación. En ellas se incentiva la discusión, la capacidad crítica y la creatividad, enfoque que se encuentra en las antípodas de la orientación estándar y matemática de la escuela tradicional, con una carga horaria también mucho menor. En conclusión, a pesar de ser extremadamente ineficiente –al punto de costarle la vida a los jóvenes—, el sistema educativo cumple con su propósito: crea una diferenciación técnica en su población para atraer trabajo e inversiones, con una mano de obra altamente calificada.

Corea ofrece estrategias antagónicas, con sectores trascendentales celosamente resguardados a través de limitaciones al ingreso de capitales extranjeros (tanto en la industria como en los servicios de Internet y en el contenido cultural y televisivo) combinados con atractivos beneficios impositivos para el resto de las actividades económicas. A modo de ejemplo, ofrece exención impositiva por cinco años para la instalación de empresas de alta tecnología, con lo cual aumenta la demanda de mano de obra calificada y atrae inversiones de alto valor agregado que, además, aportan conocimiento a la sociedad. Con respecto al impuesto a las empresas, tiene un sistema complejo y progresivo de acuerdo al nivel de ganancias que se puede resumir de la siguiente forma:

- Grandes Empresas:
  - Impuesto a las ganancias: progresivo desde el 10 % al 22 %
  - Impuesto a las ganancias acumuladas: 10 % de las ganancias acumuladas, con la posibilidad de deducirse de este pago las erogaciones relacionadas a inversiones, aumentos de sueldos y dividendos pagados)
- PyMEs:
  - Impuesto a las ganancias: tasa fija del 7 % con beneficios específicos que pueden llegar a disminuirla hasta el 4 %
- Personas:
  - Impuesto al ingreso: progresivo desde el 6 % al 44 % con importantes deducciones.
- Pérdidas:
  - *Carryforward*: hasta 10 años posteriores al periodo deficitario.

En la actualidad Corea tiene como desafío un crecimiento incipiente en relación a la desigualdad social (OECD, 2016), la polución y la corrupción, pero habiendo surgido de un contexto de guerra y pobreza extrema, los resultados obtenidos en los últimos 50 años son más que alentadores. Tal punto alcanzó su trasformación que pasó de ser un país cuyo 50 % de su presupuesto se componía de ayuda económica de los países desarrollados, crítica para su supervivencia, a prestar ayuda a Europa del Este, Asia, África, Medio Oriente y Centroamérica. No fue fácil el camino de salida de la pobreza y todos sus habitantes saben que fueron la educación y el trabajo duro lo que les permitió concretar este milagro económico en un país sin recursos naturales, por lo que estos valores se encuentran muy arraigados en la cultura nacional.

FINLANDIA

El país con los mejores resultados
educativos de la OCDE

Ostentar el mejor sistema educativo del mundo es introducción suficiente para el territorio más oriental de los países nórdicos, cuya ubicación a mitad de camino entre Rusia y Suecia fue estratégica para ambos imperios. Desde el siglo XII al XVIII formó parte del reino de Suecia y desde 1809 hasta su independencia en 1917 formó parte del Imperio Ruso. Con aproximadamente el 80 % de su tierra cubierta por bosques, transformó su economía sorprendentemente, pasando de ser una economía agrícola y forestal a contar con una moderna infraestructura diversificada y tecnológica. Curiosamente, es el único país nórdico que forma parte de la Unión Europea plenamente desde 1999.

Finlandia cuenta con un alto desarrollo industrial, y se caracteriza por ser una extensa economía de libre mercado con un PBI per cápita en el orden de Austria y Holanda, y ligeramente superior al de Alemania y Bélgica. El comercio es central, con las exportaciones representando más de un tercio del PBI y un gobierno en constante búsqueda de inversiones externas. Es históricamente competitiva en manufactura, particularmente en las industrias forestal, metalúrgica, ingeniería, telecomunicaciones y electrónica. Esto es así, porque al ser el país de la región más alejado del ecuador, sus tierras presentan un gran desafío para el desarrollo de la agricultura. Se destaca en la exportación de tecnología y es cuna de numerosos emprendimientos tecnológicos e informáticos, juegos, energías renovables y biotecnología. La silvicultura, una importante industria de exportación, proporciona una ocupación secundaria para la población rural («Europe: Finland—The World Factbook—Central Intelligence Agency», 2019).

Finlandia alcanzó un desarrollo sostenido que le permitió afrontar la crisis financiera del 2009, sufriendo una caída del -8 % de su PBI pero logrando que sus bancos y su mercado financiero evitaran consecuencias extremas. Sin embargo, la desaceleración mundial afectó drásticamente las exportaciones y la demanda interna en los años posteriores, lo que provocó una contracción de la economía en el período comprendido entre los años 2012 a 2014. La recesión golpeó a un gobierno cuya política se basa en un amplio gasto público que sostenga su Estado de bienestar. A raíz de la menor recaudación, se vieron obligados a buscar financiación en el mercado internacional. La economía volvió a crecer a partir de 2016, registrando un aumento del 2,7 % del PIB y un 3,1 % en 2017, respaldado por un fuerte aumento de la inversión, el consumo privado y las exportaciones netas. Se espera que el PIB crezca entre 1-2 % en los próximos años. Con 5,5 millones de habitantes y una población económicamente activa de 2,7 millones de personas, la crisis dejó una alta tasa de desempleo del orden del 8.1 %.

Durante la etapa posterior a la Segunda Guerra Mundial, el país se encontraba muy por detrás del resto de los países industrializados en cuanto a desarrollo y PBI per cápita. Fue entonces cuando se inclinó por una economía orientada a la exportación, desarrollando en una primera fase las plantas de celulosa para la fabricación de papel (aprovechando sus amplios recursos forestales) y la metalúrgica liviana. Se ofrecieron incentivos impositivos a las inversiones externas y se dio inicio a un profundo cambio en el sistema educativo que sentaría las bases para una sociedad basada en el conocimiento y en la tecnología de punta. A partir de este impulso a la educación, el enfoque fue darle importancia tanto a las matemáticas y ciencias, como al desarrollo de la capacidad crítica y creativa. Hacia finales de la década del ochenta Finlandia ya contaba con un ingreso per cápita entre los más altos de los países desarrollados. Rusia siempre fue un socio comercial clave para el país, y cuando su vecino colapsó a principios de los años 90 la economía finlandesa fue duramente golpeada, pero no abatida. A partir de 1994 la situación macroeconómica se estabilizó y la economía se revitalizó. El incentivo gubernamental hacia las telecomunicaciones permitió el surgimiento del gigante Nokia. Además, cuenta entre sus contribuciones al mundo el desarrollo del juego *Angry Birds* y del sistema operativo Linux.

El sistema educativo no se destacaba hasta los setenta por sobre otros alrededor del mundo. Tenían bajos índices de graduación, participación, eficiencia e igualdad. En la época de posguerra, el objetivo principal de las autoridades educativas pasó a ser la creación de un sistema que pudiera proveer igualdad de oportunidades, que le garanticen al país una población idónea para afrontar el desafío representado por las nuevas tecnologías, promoviera valores democráticos y le permitieran a cada persona alcanzar su máximo potencial. A partir de estas premisas, una etapa de transformación comenzó en la estructura educativa. La antigua escuela primaria de estructuras rígidas dio lugar a un nuevo sistema más flexible que atrasaba la elección de la orientación profesional hasta los últimos años de escolaridad. El método de enseñanza pasó a ser más personalizado y los requerimientos para que los docentes pudieran impartir clases se volvieron más exigentes. Toda la estructura educativa es financiada por el gobierno, incluyendo la educación superior universitaria, que también es gratis para los extranjeros.

Para ingresar a la escuela de docencia, hace falta haber obtenido calificaciones dentro del 10 % superior en la escuela secundaria. Los niños no comienzan la escolarización hasta la edad de 7 años (un año más tarde que el resto de sus pares europeos), con un año de preescolar entre los 6 y los 7. Pero en realidad ellos asisten desde tan temprano como los 3 años a centros que se enfocan en el desarrollo social. Los alumnos concurren a la escuela hasta la edad de 16 años, cuando pasan a la escuela secundaria extendiéndose la misma por 3 años más, en los cuales tienen la posibilidad de elegir entre una educación general o vocacional. Todo es pagado por el gobierno, incluyendo el transporte y el material de estudio. La educación en Finlandia es considerada un derecho humano.

El modelo adoptado en los años setenta tiene varios ejes principales:

- La excelencia a través de la igualdad de oportunidades es una prioridad tanto para los educadores como para los creadores de políticas. Las escuelas de Finlandia tienen las menores diferencias entre sí, comparadas con el resto de los países miembros de la OCDE (PISA 2012). Ningún padre en Finlandia se preocupa por encontrar la mejor escuela, porque todas son muy similares entre ellas.

- Los docentes finlandeses son los responsables de informar el progreso de cada alumno a los padres, ya que no hay exámenes estandarizados para medirlos. Al tener baja cantidad de alumnos por clase, cada docente sabe perfectamente el grado de avance de cada uno de sus alumnos y puede ayudarlos a progresar de forma personalizada cuando tienen dificultades.
- Los docentes asignan una baja carga de tarea para el hogar a los niños entre 11 y 14 años, normalmente una media hora por día. En la escuela primaria entre 7 y 11 años es particularmente inusual la asignación de tarea para el hogar.
- Finlandia se deshizo de los exámenes estandarizados basándose en el principio de que cada niño es diferente, progresa a diferente ritmo y tiene intereses propios.
- El costo por alumno es altamente eficiente: aventajó por más de 60 puntos a Estados Unidos, Noruega y Austria en los exámenes PISA con un costo 45 % menor en términos de porcentaje del PBI.
- Año tras año, los alumnos que se egresan con las mejores calificaciones compiten por ingresar a la carrera de docente de escuela primaria. Es una de las carreras más competitivas. De los 5,000 a 7,000 postulados, solamente son aceptados entre 650 y 700. A los candidatos se les exige que posean cualidades artísticas (bailar, cantar, pintar, ser músico) o deportivas, además de tener excelentes calificaciones en ciencias y matemáticas. Es muy extraño que un docente abandone la docencia, lo que disminuye enormemente el costo del sistema educativo.

Pasi Sahlberg, profeta global de las virtudes del sistema, diferencia notablemente el sistema educativo finlandés del que predomina en las reformas más aceptadas desde los años noventa a la fecha. A las mismas las denomina «*Global Educational Reform Movement*», o GERM por sus siglas en inglés (esto es intencional, ya que «germ» en inglés significa *germen*, y lo describe como un virus que se contagia y que causa una enfermedad). Este conjunto de medidas que Sahlberg critica forma parte de las reformas políticas que tuvieron lugar en la segunda mitad del siglo XX en los países latinoamericanos:

- Bajo la «reforma global», hay un enfoque en las asignaturas académicas en los primeros años de la escuela primaria tales como matemáticas, mientras que el modelo finés busca una educación más integral para darle herramientas más fuertes a sus alumnos (ciencias sociales, arte, música). Sahlberg sostiene que el objetivo es mantener un balance entre las asignaturas académicas y el desarrollo de la creatividad.

- Bajo la «reforma global», se busca una estandarización de la educación para impartirle a todos los niños el mismo contenido. Sahlberg sostiene que el mejor enfoque es aquel que se centra en el alumno de forma personalizada para ayudarlo a progresar a su propio ritmo y con los temas que le despierten mayor interés. En la escuela secundaria esto se acentúa, ya que cada alumno sigue su propio plan de estudios.

- Bajo la «reforma global», se fomenta la competencia entre los alumnos, lo cual trae como consecuencia un alto grado de estrés para los jóvenes. Por definición, la competencia va a dejar numerosos niños de lado. Sahlberg sostiene que si bien en Finlandia culturalmente se fomenta la competencia, este no es el caso para la educación, donde el objetivo es enriquecer a todos los alumnos para que todos puedan desarrollar su mayor potencial.

- Bajo la «reforma global», se fomenta una mayor variedad de escuelas para que exista mayor posibilidad de elección, generando diferencias entre un establecimiento y otro. En Finlandia, todos los establecimientos son muy similares entre si y ningún padre se preocupa por elegir una escuela para sus hijos. El grado de personalización de la educación durante su vida escolar le da esta posibilidad y mejora aún más las posibilidades de elegir su propio camino para cada alumno.

Newsweek inmortalizó en su tapa de Agosto del 2017 la elección de Finlandia como el mejor país del mundo para vivir. La premisa desde la cual partió la revista fue: «¿Si nacieras hoy, qué país te proveería la mejor oportunidad de vivir una vida saludable, segura, razonablemente próspera y posibilidades de ascenso social?». Finlandia cuenta además con uno de los menores índices de corrupción percibida del mundo, ubicándose tercero detrás de Dinamarca y Nueva Zelanda.

COMENTARIOS FINALES

Conclusión:

¿Qué factores convierten a un país en un modelo exitoso? A modo de conclusión, podemos encontrar ciertos puntos en común que vale la pena destacar.

Apertura económica:

Sin dudas, la apertura económica al comercio internacional es un eje central que atraviesa el conjunto de países analizados. A mayor inserción económica en el mundo, el volumen de intercambios crece y esto se convierte en un generador de empleo que se traduce en un aumento en el PBI. Pero esto es riesgoso, ya que la relación no es lineal, tal cual pudimos observar en el caso de Irlanda: la apertura al mercado global debe realizarse de forma estratégica y ordenada para que resulte exitosa. Y esto resulta obvio si pensamos que un país no puede integrarse al mundo si no tiene nada para ofrecer. Dos claves se repiten inexorablemente: una protección del Estado a sectores clave de su economía y un factor diferencial que atrae inversiones ofreciendo al mundo un valor agregado distintivo. Noruega protege su espacio aéreo comercial, Suiza protege sus agricultores no solo por su incapacidad de competir con los precios internacionales sino porque además ocupan un rol fundamental en el cuidado del área rural. Corea protege sus *chaebols*, sus servicios financieros y las telecomunicaciones. Esta protección generalmente no se basa en la rentabilidad de los sectores mencionados sino en motivos estratégicos de interés nacional. En cuanto al factor diferencial, encontramos que la mano de obra calificada es una característica que atraviesa distintas culturas y modelos económicos para convertirse en el punto en común más relevante. Los recursos naturales son, sin duda, una base sobre la cual apoyarse para el desarrollo de una economía. Pero Suiza, Singapur, Irlanda, Corea del Sur y Finlandia poseen escasísimos recursos naturales sin que esto les haya impedido un espectacular crecimiento de su PBI. Suiza ofrece sus servicios financieros con mano de obra altamente calificada y ventajas impositivas; Singapur se diferencia a través de su mano de obra altamente calificada y su orientación a la exportación de servicios; Irlanda con sus centros de servicios financieros con beneficios impositivos diferenciales; Corea del Sur con su mano de obra altamente calificada (70 % de la población posee un título de grado) y su orientación a las exportaciones. Todos ellos se benefician del comercio internacional porque aportan un producto de alto valor agregado que hace crecer su PBI y se benefician de las mejores ofertas del mercado internacional a la hora de importar.

Al mismo tiempo, es vital reparar en la amenaza que constituye una inserción al mercado global desprovista de una estrategia sólida, con la amenaza que esto representa para la economía interna. El mencionado caso de Irlanda en los años sesenta, que tras la apertura de sus fronteras al comercio mundial —luego de años de aislamiento— obtuvo como resultado altos índices de pobreza, destrucción de la producción local, emigración de jóvenes profesionales en edad laboral y la consiguiente crisis económica. En Argentina mismo hemos sufrido exactamente las mismas consecuencias de incremento de la pobreza y el desempleo, destrucción de las economías regionales y crisis con la apertura improvisada al mundo durante la última década del siglo anterior.

Educación:

A lo largo del territorio argentino, aproximadamente el 30 % de los jóvenes asisten a instituciones de enseñanza privada, con una tasa de graduación del 66 % a nivel nacional. La proporción es inversa en las instituciones de gestión pública donde concurren aproximadamente el 70 % de los alumnos con una tasa de graduación del 33 % según un informe de Septiembre del 2017 del Centro de Estudios de la Educación Argentina de la Universidad de Belgrano.

Paralelamente, el censo nacional del 2010 arrojó como resultado que el 61 % de los mayores de 20 años no habían completado su educación secundaria.

A contramano de la mayoría de modelos educativos exitosos analizados, en Latinoamérica, la matrícula de las instituciones privadas tuvo una tendencia al crecimiento: Argentina, Uruguay, Chile, Brasil, Perú, Colombia y México vieron un crecimiento del 15 % en el año 2000 al 18 % en el año 2010. Cada caso merece un análisis detallado, pero se puede observar en todos ellos una marcada segregación entre las familias con recursos para invertir en la educación de sus hijos y las que no cuentan con esta posibilidad (o el gasto ocupa un porcentaje muy importante de los ingresos) (Rivas, 2015).

En las pruebas PISA del año 2012, el 63 % de los alumnos latinoamericanos calificó por debajo del mínimo esperado en matemáticas, 49,6 % en ciencias y 46 % en lectura. Los alumnos del continente en su conjunto obtienen peores calificaciones que Europa Occidental, Europa Oriental, países anglosajones, Asia Pacífico y países nórdicos, al mismo tiempo que se encuentran muy por debajo del promedio de la OCDE.

Es fácil ver que la educación en los modelos exitosos es mayormente pública y gratuita, pero es necesario detenernos a analizar varias aristas de este rubro. La más inmediata es que un sistema de educación privado es por definición un sembrador de diferencias. Imaginemos por un instante que el 100 % de la educación es privada. ¿Qué pasaría en un modelo de este tipo? Según datos del INDEC, el 10 % más pobre en la Argentina tiene un ingreso en el segundo trimestre del 2017 de aproximadamente $1,600[$], un 15 % por debajo de la línea de indigencia. La población más vulnerable no tiene los medios necesarios para afrontar el costo de una educación de calidad.

Si la meta perseguida con las escuelas de gestión privada es que compitan para que algunos emprendedores privados logren ofrecer una mejor educación que el resto, significa matemáticamente que en el extremo opuesto van a existir instituciones con resultados magros que no lograrán cumplir con los objetivos, justamente a causa de la competencia fomentada. Es netamente excluyente, ya que solo un puñado de alumnos va a poder acceder a las instituciones con los mejores recursos a su disposición y resultados superiores. Y en este experimento de mercado, las víctimas *ex post* son aquellos niños que recibieron una enseñanza deficitaria que el sistema mismo alienta.

En toda economía existen subproductos de menor calidad que satisfacen una misma necesidad, pero orientados a distintos clientes con distinto poder adquisitivo. Por lo tanto, si la educación quedara en manos de privados siempre va a haber emprendimientos que no se centren en la calidad sino en el precio. Si dejamos que ocurra esto en el ámbito educativo, el subproducto de menor calidad va a ser la pedagogía de un niño, el cual además no va a desarrollar su potencial total en la economía y esto es una desventaja también para el país. El saber popular nos enseña que en el largo plazo, siempre vamos a cosechar nuestra siembra. Y si sembramos desigualdad en pos de buscar los mejores resultados para algunos a través de las reglas del mercado, la cosecha del otro lado de la balanza son los niños que se encuentran víctimas de los establecimientos que registran resultados deficitarios.

La pregunta inmediatamente posterior es si está bien que los hijos estén ineludiblemente ligados a las posibilidades económicas y a las decisiones de los padres. Algunas personas pueden argumentar que si el padre tiene las posibilidades financieras para pagar la mejor educación de sus hijos, debería poder hacerlo, mientras que la educación de los más desfavorecidos quizás no sea la mejor pero esto es una consecuencia de las decisiones de sus padres.

Pero si la población más desfavorecida no tiene acceso a una educación de calidad, no pierden solamente estos sino todo el país y la población en general. Por ejemplo en el caso de Argentina, sin secundario completo es estadísticamente más difícil ingresar al mercado laboral, y el censo 2010 nos indicaba que el 61 % de los argentinos no completó sus estudios. Esto es una desventaja regional que golpea al conjunto de la nación. Sin trabajo calificado no se puede atraer o generar inversiones con alto valor agregado. En consecuencia, la ausencia de esta fuerza laboral calificada deja afuera de competencia al país a nivel global, perjudicando al conjunto de la población. Además, un aumento del desempleo crea condiciones propicias para un consecuente aumento de la inseguridad. ¿No preferiríamos vivir en una sociedad segura acaso? ¿No preferiríamos vivir en un país que sea una potencia, que tenga un alto PBI per cápita y donde se generen inversiones de alto valor agregado? Una sociedad de estas características beneficiaría al pueblo en su conjunto.

Por otro lado, brindar igualdad de oportunidades para todos los niños no es solo un discurso progresista benefactor y solidario. Igualdad de oportunidades es una cuestión estratégica que permite ofrecer al mercado laboral el mayor potencial de cada uno de mis recursos humanos, es la capacidad de un país de alcanzar el 100 % de su potencial y de diferenciarse, con el consiguiente atractivo para cualquier inversor. El opuesto de esto es la ineficiencia, es la incapacidad de una nación de desarrollar a todos y cada uno de sus habitantes para que sean su propia mejor versión. Y no es un detalle menor, porque desde el punto de vista del inversor a la hora de escoger el destino de su capital entre un país u otro, es preferible hacerlo donde no solo el 30 % de la gente alcanzó un alto grado de profesionalismo sino donde el 100 % de las personas me pueden ofrecer grandes resultados. Es sin ningún lugar a dudas una mejor inversión que le va a imprimir un mayor valor agregado a la empresa, la cual va a generar un diferencial por sobre sus competidores a nivel global, creciendo a mayor ritmo que la competencia y mejorando su posición a futuro.

Cabe mencionar que los países con sistemas de educación públicos son además los más eficientes en términos del gasto en el que incurren medido en porcentaje del PBI. Respecto a este punto, la búsqueda de la eficiencia del presupuesto es un tema central para la OCDE y se ha convertido en una prioridad en las últimas décadas, siendo Finlandia una de las naciones que logra destacarse del resto y obtener resultados muy por encima del promedio, justificando como mínimo un análisis más exhaustivo.

¿Qué estrategias pueden desarrollarse en Argentina? Es menester realzar la calidad de la educación nacional para que pueda competir en calidad con los institutos de enseñanza de gestión privada. Es vital hacer énfasis en que la recuperación del sistema público debe ser a través de la competencia libre en un mercado donde cada padre pueda elegir *motu proprio* el establecimiento educativo. Para alcanzar este objetivo se deben abordar varias problemáticas:

- Días de clases: uno de los principales puntos por los cuales a través de toda Latinoamérica existe una migración desde la escuela pública a la privada son las numerosas huelgas docentes. Los educadores reclaman por sus derechos pero los gobiernos en general no ceden incluso ante largos períodos de inactividad. Estas huelgas desencadenan el combo perfecto para la decadencia del sistema: los docentes tienen generalmente razones suficientes para reclamar, el gobierno lo sabe pero no le interesa negociar y las familias eligen migrar hacia las instituciones privadas que aseguran la totalidad de los días de clases. Un proceso de privatización consciente o inconsciente, pero que está ocurriendo en todo el continente.
- Docentes: dos problemáticas destacan dentro de la actividad:
  - Sueldos: los salarios docentes anuales en dólares en instituciones públicas pasaron de USD 12.377 en 1998 a USD 17.041 en 2010, una mejora del 38 % en términos nominales (en línea con el aumento promedio regional). Los datos de 2010 posicionan a la Argentina por debajo de

Chile, donde cobran aproximadamente 23.500 USD (una notable mejora del 123 % respecto a los 10.500 USD de 1998, resultado de las protestas educativas que tuvieron lugar en el país vecino). A pesar de ello, al comparar las cifras locales con los países miembros de la OCDE, surge que el salario de ingreso es aproximadamente 50 % menor a la media, mientras que el salario promedio se encuentra 30 % por debajo del promedio.

- Capacitación docente: los cambios en los contenidos de enseñanza y en las tecnologías se dan de forma vertiginosa. Es importante mantener al cuerpo docente actualizado para poder aprovechar los recursos disponibles de forma más eficiente, y para poder transmitirle a los estudiantes las herramientas que van a necesitar en su futura vida profesional. Todo esto, sin sacrificar calidad educativa. A tal fin, Singapur articuló un sistema de capacitación permanente donde los docentes cuentan con 100 horas subsidiadas para dedicar a su capacitación personal.

- Tamaño de las aulas: las aulas más pequeñas permiten un mejor acompañamiento al desarrollo de cada alumno. Hay una creciente inversión en numerosos países que apuntan a una mejor calidad educativa a proveer clases con menos de 20 estudiantes.

- Educación individual y digital: la atención más personalizada de cada docente permite a cada alumno aprender a su ritmo, concentrando su atención sobre temas de su interés. Si el docente se enfrenta a un curso muy numeroso y está obligado a transmitirle a todos los niños los mismos conceptos va a sufrir un problema: cada niño aprende a un ritmo distinto. Si el docente se concentra en dar la clase para el alumno promedio, los chicos que tengan un aprendizaje más lento no van a poder seguirlo, y los más avanzados se van a aburrir. Si el docente consigue prestar una atención diferenciada, entonces puede enfocarse en un plan de enseñanza más flexible que permita que todos incorporen los conceptos básicos de la forma más adecuada.

Salud:

Contraintuitivamente, los países con mayor participación de empresas privadas prestadoras de servicios de salud son los que tienen costos médicos más elevados en términos de porcentaje del PBI. Estados Unidos y Suiza son claros ejemplos. La libre competencia en el mercado no se traslada en forma de ahorros al bolsillo de los ciudadanos. Singapur tiene una respuesta muy interesante en la cual vale la pena detenerse. En algún momento de su historia permitieron un sistema desregulado de seguros médicos privados pero la encontraron ineficiente (Aaron E. Carroll, 2017). Lo que ocurrió en Singapur es que las personas con mayores recursos pagaban por su servicio de salud que en términos porcentuales utilizaban menos que los habitantes con menores recursos, que se inclinaban por el sector público que proveía los mismos servicios. Entonces, los más ricos pagaban un «sobreprecio» en relación al uso que hacían del servicio, mientras que los servicios públicos de salud no daban abasto con los pacientes, que no tiene una estructura dedicada al rechazo de pacientes con antecedentes médicos que los seguros médicos no aceptan incorporar. Volcar recursos ociosos favoreciendo a un sector de la sociedad en detrimento de otro en un servicio que *necesariamente* cubre al 100 % de la población es una deficiencia estructural que resulta costosa. El sistema que instauró Singapur, vale la pena recordarlo, es que los gastos médicos corrientes personales o del grupo familiar se descuentan de un aporte mensual personal que se substrae del sueldo obligatoriamente desde el inicio de la vida profesional; luego para las situaciones médicas catastróficas se implementó un seguro médico solidario (optativo) que abarca a toda la población adherida y es extremadamente barato (ya que es raro que una persona sufra este tipo de situaciones médicas); y por último cuenta con un seguro médico subsidiado para quienes no tienen los fondos para pagar por su salud.

Comentarios finales:

Una población sana, educada y productiva tiene la capacidad de desarrollar un potencial económico que deriva en el bienestar general de la sociedad. Este desarrollo debe ser apoyado por el gobierno de forma ecuánime, para otorgar una igualdad de oportunidades sin distinción de clase ni privilegios. Es importante resaltar que igualdad de oportunidades en cuanto a la educación no significa que todos los alumnos obtendrán los mismos resultados, sino que cada uno de ellos podrá desarrollar su potencial personal con el apoyo constante de un programa educativo que detecte sus fortalezas y lo potencie como ser humano. Una sociedad fortalecida por una población instruida enriquece los resultados obtenidos, a través de la interacción de las capacidades propias de cada individuo. No existe mejor método educativo que la curiosidad, por lo que acompañar a los alumnos apoyándolos en su recorrido al aprender sobre los temas que le resulten de mayor interés significará una ventaja competitiva en la inserción de la población en la cadena de valor agregado global. Una sociedad ecuánime es aquella que trata a todos sus niños como hijos propios, sin distinción de privilegios y con el mismo respeto que todos los chicos merecen.

Argentina:

La pregunta clave que cabe formularse es si es posible aplicar alguno de estos aprendizajes a nuestro país, aquel que algún presidente ha condenado al éxito pero que jamás mencionó cuando llegaría. ¿Cómo aplicar tratados de libre comercio con la Unión Europea si no ceden su cuota para el ingreso de productos agrícolas? La respuesta es que Europa nunca va a ceder esta cuota, porque su sector rural es estratégico en otros sentidos más allá del económico. Pero Argentina debería diferenciarse de otra forma, a través de actividades de mayor valor agregado. Es menester identificar las fortalezas del país: en la Argentina contamos con altas tasas de graduados en las carreras de Económicas, Abogacía y Recursos Humanos. Podríamos beneficiar impositivamente —al estilo Irlanda— a los centros de servicios internacionales (financieros, legales y de recursos humanos) con un menor impuesto a la renta en el orden del 12,5 % para ser competitivos con la tasa pautada en otros países, para favorecer su instalación en el país y poder darle trabajo a la enorme cantidad de profesionales que no encuentran la demanda laboral suficiente en su especialidad. Además, otra fortaleza de la fuerza laboral argentina es su alto nivel de inglés y otros idiomas europeos y asiáticos, que sin dudas son un diferencial con un potencial extraordinario. Para incentivar el crecimiento del empleo profesional en el sector privado se le puede ofrecer a los empleados estatales que, en caso de aceptar una oferta laboral bajo el ámbito privado, sus puestos serán conservados durante tres años si por cualquier razón decidieran regresar a trabajar bajo la esfera pública, dando lugar a una posible movilidad con el potencial de modificar la estructura de trabajo nacional. Lo ideal sería desarrollar asimismo tratados de libre comercio con Estados Unidos, Australia y toda América. Algunos sectores se van a resentir con la apertura del comercio, como por ejemplo el sector textil, pero nuevamente el objetivo del país debe ser exportar servicios de alto valor agregado y en el cual nos diferenciemos. Se podrían otorgar beneficios impositivos a la producción textil hasta alcanzar un grado de competitividad aceptable, y hacer énfasis en propuestas dentro de la industria que tengan gran potencial para generar productos distintivos. Otra fortaleza nacional es la cantidad de profesionales relacionados al diseño en todas sus formas, carrera con una alta demanda de estudiantes que encuentra su lugar en la sólida oferta universitaria local pública y privada. El diseño, en todas sus facetas, tiene un potencial inigualable en la generación tanto de valor agregado como de fuentes de trabajo indirecto. Contamos también con gran potencial en áreas como marketing, publicidad, sistemas, programación, energías alternativas, call centers en idiomas extranjeros europeos y asiáticos. Estos servicios actualmente no existen de forma masiva y tienen mayor oferta laboral que demanda, por lo que un beneficio impositivo para incentivar su desarrollo no significaría dejar de recaudar dinero para el fisco sino la creación neta de nuevas empresas. El sacrificio para el Estado es prácticamente nulo, y la posibilidad de obtener de esta forma un impulso económico es interesante. Y la creación de valor, también.

De la misma forma que una persona física paga sus impuestos y en contraprestación exige seguridad, justicia, salud, cloacas, agua corriente y más, el capital extranjero también al momento de pagar impuestos exige que la población sea educada para que puedan hacer su trabajo con excelencia, sana para que puedan ir a trabajar, exigen del mismo modo seguridad para que sus empleados vivan más tranquilos, etc. Una persona jurídica espera una contraprestación por el pago de sus impuestos. Proveer una población educada y sana es una ventaja competitiva invaluable que a la hora de invertir en un país o en otro, marca la diferencia. Otra alternativa es ofrecer mano de obra barata, desregulada y precaria con impuestos muy bajos, pero ese no es el país que yo anhelo.

BIBLIOGRAFÍA

Aaron E. Carroll, A. F. (2017, octubre 2). What Makes Singapore's Health Care So Cheap? *The New York Times*. Recuperado de https://www.nytimes.com/2017/10/02/upshot/what—makes—singapores—health—care—so—cheap.html

Amanda Coletta. (2018, febrero 23). Canada's health—care system is a point of national pride. But a study shows it's at risk of becoming outdated. Recuperado 23 de septiembre de 2019, de Washington Post website: https %3A %2F %2Fwww.washingtonpost.com %2Fnews %2Fworldviews %2Fwp %2F2018 %2F02 %2F23 %2Fcanadas—health—care—system—is—a—point—of—national—pride—but—a—study—shows—it—might—be—stalled %2F

Barro, R. (1998). The East Asian Tigers Have Plenty to Roar About. *Business Week*.

BBC Mundo. (2015). Lee Kuan Yew, el hombre que convirtió a Singapur en una potencia económica. Recuperado 23 de septiembre de 2019, de BBC News Mundo website: https://www.bbc.com/mundo/noticias/2015/03/150323_singapur_lee_kuan_yew_jm

Cubberley, Ellwood P. (1920). *The History of Education*. Boston: Houghton Mifflin Company.

Deloitte. (2015). *Deloitte: Taxation and Investment in Switzerland 2015*. Recuperado de Deloitte website: https://www2.deloitte.com/content/dam/Deloitte/global/Documents/Tax/dttl—tax—switzerlandguide—2015.pdf

Deloitte. (2017). *Deloitte: Taxation and Investment in Canada 2017*. Recuperado de Deloitte website: https://www2.deloitte.com/content/dam/Deloitte/global/Documents/Tax/dttl—tax—canadaguide—2017.pdf

Deloitte. (2018). *International Tax – Denmark Highlights 2018*. Recuperado de Deloitte website: https://www2.deloitte.com/content/dam/Deloitte/global/Documents/Tax/dttl—tax—denmarkhighlights—2019.pdf

Deloitte. (2018). *Working and living in Denmark*. Recuperado de Deloitte website: https://www2.deloitte.com/content/dam/Deloitte/dk/Documents/tax/Downloads/Deloitte—Working—living—in—Denmark—2019.pdf

Department of Foreign Affairs and Trade. (2017). *The Australian Education System*. Recuperado de https://dfat.gov.au/aid/topics/investment—priorities/education—health/education/Documents/australian—education—system—foundation.pdf

Department of Foreign Affairs and Trade. (2019). Trade liberalisation and economic reform. Recuperado 22 de septiembre de 2019, de Department of Foreign Affairs and Trade website: http://dfat.gov.au/about—australia/australia—world/Pages/trade.aspx

Europe: Finland—The World Factbook—Central Intelligence Agency. (2019). Recuperado 23 de septiembre de 2019, de https://www.cia.gov/library/publications/the—world—factbook/geos/fi.html

Europe: Germany—The World Factbook—Central Intelligence Agency. (2019). Recuperado 23 de septiembre de 2019, de https://www.cia.gov/library/publications/the—world—factbook/geos/gm.html

Europe: Norway—The World Factbook—Central Intelligence Agency. (2019). Recuperado 22 de septiembre de 2019, de https://www.cia.gov/library/publications/the—world—factbook/geos/no.html

FactCheck: Does Ireland really have the «highest education» in Europe? (2016). Recuperado 23 de septiembre de 2019, de https://www.thejournal.ie/ireland—european—education—rankings—facts—eoghan—murphy—cnbc—2992092—Sep2016/

Gapminder Foundation. (2015). *GDP, PPP (constant 2005 international $)*. Recuperado de https://docs.google.com/spreadsheets/d/16rpYapnUDKQXJIdUT_Q-WuuYH83dLBgbFQC3GfRO8OQY/pub#

Goh Chor Boon, S. G. (2006). *The Development of Education in Singapore since 1965*. Recuperado de https://pdfs.semanticscholar.org/c528/f7851df53fc7ac210eaec0a8042946f43663.pdf

Health Consumer Powerhouse. (2015). *Euro health consumer index. 2015*. Recuperado de https://healthpowerhouse.com/media/EHCI—2017/EHCI—2017—report.pdf

Healthcare in Denmark: An overview. (2016). Ministry of Health.

IFS2020: A Strategy for Ireland's International Financial Services sector 2015—2020. (2015). Recuperado de https://assets.gov.ie/5949/230119134451—7323c03d-fe3f4ca4a2b55e4737eb498c.pdf

IMF. (2019). Net lending/borrowing (Gen. Govt.) as percent of GDP (Norway). Recuperado 22 de septiembre de 2019, de IMF Data—Acces to macroeconomic & Financial data website: https://data.imf.org/?sk=061a17b2—7e6a—4b58—9b17—042af9e59a3d&sId=1390030109571

Islam, S. C., Faisal. (2017, agosto 2). How Canada became an education superpower. *BBC News*. Recuperado de https://www.bbc.com/news/business—40708421

KPMG. (2016). *Clarity on Business Location Switzerland*. Recuperado de KPMG website: https://assets.kpmg/content/dam/kpmg/ch/pdf/clarity—on—business—location—switzerland—en.pdf

KPMG. (2019). *Clarity on Swiss Taxes*. Recuperado de KPMG website: https://assets.kpmg/content/dam/kpmg/ch/pdf/clarity—on—swiss—taxes—2019—en.pdf

Kuhnle, Stein, H., Sven E. O. (2004). *The Developmental Welfare State in Scandinavia: Lessons for the Developing World* (N.° ISSN 1020—8208; p. 34). Recuperado de United Nations Research Institute for Social Development website: https://www.files.ethz.ch/isn/102834/17.pdf

Milne, R. S., & Mauzy, D. K. (1990). *Singapore: The legacy of Lee Kuan Yew*. Boulder: Westview Press.

Ministry of Education and Science. (2004). *A Brief Description Of the Irish Education System*. Recuperado de https://www.education.ie/en/Publications/Education—Reports/A—Brief—Description—of—the—Irish—Education—System.pdf

Ministry of Finance, Norway. (2018, mayo 15). Stronger growth, lower unemployment and a more sustainable welfare state [Pressemelding]. Recuperado 22 de septiembre de 2019, de Government.no website: https://www.regjeringen.no/en/aktuelt/revised—budget—2018—stronger—growth—lower—unemployment—and—a—more—sustainable—welfare—state/id2601295/

Ministry of Higher Education and Science. (2019). The State Education Grant and Loan Scheme in Denmark (SU)—Uddannelses— og Forskningsministeriet [Page]. Recuperado 23 de septiembre de 2019, de https://ufm.dk/en/education/grants—and—loans/su—2013—the—danish—student—s—grants—and—loans—scheme

Norges Bank. (2019). About the Government Pension Fund Global. Recuperado 22 de septiembre de 2019, de Norges Bank Investment Management website: https://www.nbim.no/en/the—fund/about—the—fund/

North America: Canada—The World Factbook—Central Intelligence Agency. (2019). Recuperado 23 de septiembre de 2019, de https://www.cia.gov/library/publications/the—world—factbook/geos/ca.html

OECD. (2014). *Education Policy Outlook Denmark*. Recuperado de http://www.oecd.org/education/EDUCATION %20POLICY %20OUTLOOK %20DENMARK_EN.pdf

OECD. (2015). *Education Policy Outlook 2015*. Recuperado de https://www.oecd—ilibrary.org/content/publication/9789264225442—en

OECD. (2016). *OECD Economic Surveys: Korea 2016*. Recuperado de https://www.oecd—ilibrary.org/content/publication/eco_surveys—kor—2016—en

OECD. (2017). *Better Life Initiative—Country note Canada*. Recuperado de OECD website: https://www.oecd.org/statistics/Better—Life—Initiative—country—note—Canada.pdf

OECD. (2019). Health spending (indicator). https://doi.org/10.1787/8643de7e—en

Oey, Alexander. (2012). The German economic model. En *The German economic model*. Recuperado de https://www.youtube.com/watch?v=jOFHpyoXsD4

Office of the United States Trade Representative. (2015). *2015 National Trade Estimate Report on Foreign Trade Barriers*. Washington, D.C.

Puiggrós, A. (2015). *Imperialismo y educación en América Latina* (Edición corregida y ampliada). Buenos Aires, Argentina: Colihue.

PwC. (2019). Switzerland—Taxes on personal income. Recuperado 23 de septiembre de 2019, de http://taxsummaries.pwc.com/uk/taxsummaries/wwts.nsf/ID/Switzerland—Individual—Taxes—on—personal—income

Rick Noack. (2015, febrero 4). Why Danish students are paid to go to college. *The Washington Post*. Recuperado de https://www.washingtonpost.com/news/worldviews/wp/2015/02/04/why—danish—students—are—paid—to—go—to—college/

Rivas, A. (2015). *América Latina después de PISA: Lecciones aprendidas de la educación en siete países (2000—2015)*. Buenos Aires, Argentina: CIPPEC.

Sclafani, Susan. (2008). *Rethinking Human Capital in Education: Singapore As A Model for Teacher Development* (p. 25). Recuperado de The Aspen Institute website: https://assets.aspeninstitute.org/content/uploads/files/content/docs/education/SingaporeEDU.pdf

Shackleton, D. F. (1975). *Tommy Douglas*. Toronto: McClelland and Stewart.

Statistics Norway. (2016). *Facts about education in Norway 2017—Key figures 2015* (p. 36). Recuperado de https://www.ssb.no/en/utdanning/artikler—og—publikasjoner/_attachment/287176?_ts=158d834b638

Swiss Coordination Centre for Research in Education. (2014). *Swiss Education Report*. Recuperado de Swiss Coordination Centre for Research in Education website: http://skbf—csre.ch/fileadmin/files/pdf/bildungsmonitoring/Swiss_Education_Report_2014.pdf

The Commonwealth Fund. (2017). *International Profiles of Health Care Systems*. Recuperado de The Commonwealth Fund website: https://www.commonwealthfund.org/sites/default/files/documents/___media_files_publications_fund_report_2017_may_mossialos_intl_profiles_v5.pdf

The Ministry of Higher Education and Science, The Ministry for Children, Education and Gender Equality, & The Ministry of Culture. (2016). *The Danish Education System*. Recuperado de http://hfc.dk/media/252204/the_danish_education_system_pdfa.pdf

Tong, Y. T., Sheela Narayanan, & Paul, P. (2015). *Caring for our people: 50 years of healthcare in Singapore*.

Wizenberg, D., & Varsavsky, J. (2017). *Corea: Dos caras extremas de una misma nación*.

World Bank (Ed.). (1993). *The East Asian miracle: Economic growth and public policy*. New York, N.Y: Oxford University Press.

Yergin, Daniel, S., Joseph. (2002). The Commanding Heights. En *Episode 1: The Battle of Ideas*. Recuperado de http://www.pbs.org/wgbh/commandingheights/hi/index.html

ÍNDICE TEMÁTICO

A

B

C

Ch

C

D

E

---

[*] Esta característica es rastreable hasta finales del siglo XVII con el surgi-

miento del movimiento político liberal británico *Whig*, quienes dominaron el parlamento hasta aproximadamente 1780, dejando una fuerte influencia que perdura hasta el día de hoy. Los *Whigs* abrazaron las ideas de John Locke y —más tarde— Adam Smith para defender las libertades del individuo en oposición a la opresión de la corona y de la Iglesia católica. Más tarde, se convertirían en los defensores del modelo económico liberal. En Norteamérica, los patriotas adoptaron el nombre de *Old Whigs*, movimiento que más tarde se convertiría en el partido republicano.

[†] La frase se utiliza usualmente para referirse al Estado de Bienestar, el cual cuida a sus ciudadanos a lo largo de toda su vida.

[‡] Solo el 2 % de la población declara trabajar largas horas

[§] Aproximadamente 90 USD